Écrits d'artistes

La crise de la géométrie et autres essais, 1981-1987

Peter Halley

(énsb-a)

Collection dirigée par
Alain Bonfand

Editeur
Marie-Anne Sichère

Dans la même collection :

Terres de Georges Jeanclos
Écrit entre 1962 et 1990 de Pierre Buraglio
Textes et notes, 1967-1988 de Daniel Dezeuze
Nutations de Claude Viseux

Traduit de l'américain par :
- Yves Aupetitallot
- Bruno Parfait
- Monique Sjouwerman
à l'exception de «De la ligne», traduit par Ann Hindry

Première édition : Peter Halley, *Collected Essays, 1981-1987,* Bruno Bischofberger Gallery, Zürich et Sonnabend Gallery, New York, 1988.

Illustration de la couverture :
Peter Halley, *Untitled Photograph,* 1989 (phot. N & B).

I S S N : 1161-1960
I S B N : 2-903639-91-4

Le mouvement beat, le minimalisme, le New Wave et Robert Smithson

Les adeptes du *New Wave* ont actuellement tendance à nier tout objectif commun avec les minimalistes. Ceci reflète profondément la rivalité entre générations et le climat de méfiance qui caractérisent l'art moderne depuis le XIXe siècle, situation à laquelle New York n'a bien sûr pas échappé. A un niveau plus conscient, on peut constater que ce sont à la fois les artistes du *New Wave* et ceux qui en font la promotion qui s'engagent franchement dans la voie de la négation de l'Histoire. Les artistes sont mus par une colère incontrôlable ; les promoteurs doivent nier toute relation réelle entre le *New Wave* et le passé s'ils veulent maintenir l'illusion de la nouveauté, illusion indispensable quand l'art vise un marché axé sur une classe grandissante d'entrepreneurs spéculant de plus en plus en fonction du concept d'obsolescence planifiée.

Mais pour comprendre la signification du mouvement *New Wave* actuel, il est nécessaire d'identifier correctement ses antécédents. En fait, le *New Wave*, le minimalisme et l'écriture *beat* traitent tous du même problème. Tous les trois expriment la fascination / répulsion de l'Amérique pour ses racines culturelles si superficielles et sa vulnérabilité face à l'impact du changement technologique.

Au départ, toute correspondance entre le *New Wave* et l'art minimal semble impossible dans la mesure où l'une des manifestations les plus évidentes du *New Wave* est justement son opposition à ce que Jeffrey Deitch appelle «l'académie post-minimaliste [1]». Cependant, c'est précisément cette académie post-minimaliste qui a présenté une «normalisation» [2] des objectifs que s'était fixé le groupe minimaliste d'origine à l'époque difficile de l'administration Nixon. L'intention politique du minimalisme fut alors transformée par les diverses échappatoires du post-minimalisme, échappatoires formelles, anthropologiques ou tournées vers l'idée de nature et d'artisanat.

On peut néanmoins trouver la preuve qu'il existe bien un lien entre les sensibilités *New Wave* et minimaliste dans la série d'essais que Robert Smithson a écrite à la fin des années soixante et au début des années soixante-dix. Dans ses derniers écrits, Smithson a lui aussi élaboré une stratégie pour traiter des problèmes posés par la normalisation et l'autodestruction, qui avaient miné les mouvements *beat* et minimaliste et menacent maintenant les artistes du *New Wave* au moment même où ils apparaissent.

En 1966, Smithson publiait son premier essai, «L'Entropie et les nouveaux monuments», où il décrivait la fascination que la culture post-industrielle exerçait sur les premiers artistes post-minimalistes, leur passion pour les films et les salles de cinéma, la «matière imprimée», la science-fiction, la théorie de l'information et la géologie. Il prétendait que la nature embryonnaire et brutale du travail de ces artistes était le résultat de leur propre torpeur «entropique», elle-même écho de la condition léthargique de notre civilisation [3].

Arrêtons-nous à cette description des «sorties au cinéma»

chez les artistes minimalistes, dans «L'Entropie et les nouveaux monuments» : «Certains artistes voient un nombre invraisemblable de films. [Peter] Hutchinson, par exemple, au lieu d'aller à la campagne étudier la nature, ira plus volontiers voir deux ou trois fois le même film sur la 42e Rue, par exemple *Horror of Party Beach,* et y repensera pendant des semaines. Les films confèrent un aspect rituel à la vie de nombreux artistes, et introduisent alors une sorte de mysticisme à bas prix qui les maintient en état de transe perpétuelle. Le «sang et les tripes» des films d'horreur répondent à leurs «besoins organiques», alors que la «froideur de l'acier» des films de science-fiction comblent leurs besoins «inorganiques». Les films sérieux s'appuient trop sur les «valeurs», c'est pour cette raison qu'ils sont rejetés par les artistes les plus lucides. Ces artistes ont des rayons X à la place des yeux, et sont capables d'y voir clair dans le magma qui passe pour de la «profondeur de nos jours [4].»

Écrite il y a une quinzaine d'années, cette description peut être considérée comme une véritable décalcomanie de l'approche d'un artiste *New Wave*. Peter Hutchinson, comme le groupe musical des *B-52s,* s'intéresse à la culture plagiste post-industrielle. Il préfère même voir ses films à Times Square, s'appropriant ainsi un autre symbole de la génération actuelle. Comme les artistes minimalistes, ceux du *New Wave* rejettent aujourd'hui le «magma» dépassé des «valeurs» humanistes traditionnelles en leur préférant la perception et les émotions déclenchées par la pornographie (Jimmy DeSana, Jane Dickson), la science fiction (Steve Keister, Ronnie Fischer) et les nouvelles images (Ilona Granet, Becky Howland).

Comme les minimalistes, les artistes *New Wave* se tournent vers les images produites par les médias plutôt que vers une conception nostalgique de la nature pour appréhender la substance du réel. Mais les minimalistes et les artistes *New Wave* n'ont pas eu la même réaction devant les mêmes images d'horreur. Là où les minimalistes étaient figés dans leur attente catatonique (ce que Smithson appelle leur «transe perpétuelle» et leur «état entropique»), les artistes *New Wave* plongent délibérément dans la convulsion hystérique (ce que Ronny Cohen appelle leur «énergisme») [5]. C'est là la différence essentielle entre la froide répétition métallique d'une sculpture de Judd et le fusain sur carton, maladroit et tortueux, de Becky Howland, *Transmission Towers,* qu'on a pu voir à l'occasion du *«December Colab Show»* chez Brooke Alexander. (Il faut noter que les minimalistes, entropiques et catatoniques, s'efforçaient de traduire physiquement leur propos par la forme abstraite, alors que les artistes *New Wave,* hystériques et «énergétiques», ont tendance à représenter des phénomènes spécifiques.)

Toujours dans «L'Entropie et les nouveaux monuments», Smithson explique quel matériel visuel intéresse l'artiste minimaliste : «Comme les films et les salles de cinéma, la «matière imprimée» joue un rôle entropique : les cartes, les graphiques, les publicités, les livres d'art, les livres scientifiques, l'argent, les plans d'architecture, les manuels de mathématiques, les diagrammes, les journaux, les bandes dessinées, les dépliants et les brochures des compagnies industrielles. Judd a une collection labyrinthique de matière imprimée, qu'il «regarde» la plupart du temps plus qu'il ne la "lit"» [6].

Depuis cette explication de 1966, la «matière imprimée» (sous forme de «livres d'artistes») est devenue le domaine exclusif de la fixation post-minimaliste sur la philosophie phénoménologique et la réalité privée. A la fin des années soixante, comme aujourd'hui, elle donnait aux artistes le moyen d'enregistrer radicalement leur appréhension de la société. Smithson explique que Donald Judd «pourrait prendre une équation mathématique et, à vue, la traduire en une progression d'intervalles métalliques», ce qui est un moyen d'échapper à la convention surannée de la composition «relationnelle». «L'écriture de Judd, poursuit Smithson, se rapproche beaucoup des descriptions précises et purement matérielles, que l'on peut trouver dans sa collection de manuels de géologie [7]». L'intérêt que des artistes comme Judd ont éprouvé pour la science-fiction les a aidé à rompre avec les valeurs culturelles et les modes artistiques traditionnels admis.

La matière imprimée, telle que Smithson l'a décrite, joue aujourd'hui un rôle similaire dans la culture *New Wave.* Dans la chanson, *«Don't worry about the Government»,* le groupe musical, les *Talking Heads* met l'accent sur sa fascination pour la conscience cartographique et les slogans publicitaires. L'artiste Peter Fend a récemment présenté *Future States,* un dessin où apparaissaient, sur une planisphère, des frontières politiques potentielles. La thématique de l'argent, vient, elle aussi, de réapparaître. Au *«Times Square Show»,* Christof Kohlhofer a présenté *Billion Dollar Bills.* Dans une exposition récente au *Colab*, Andréa Callard a proposé une pièce intitulée *I made this money, what can I buy* ?

A partir de là, nous pouvons même remonter de 1966 à 1956. Cette préoccupation, cette conscience douloureuse de l'impact du changement technologique sur la culture, trouve sa source dans l'œuvre des écrivains de la *Beat Generation.*

Contrairement aux artistes *New Wave*, les minimalistes semblent bien avoir eu conscience de leur dette envers l'écriture *beat*. Smithson, par exemple, reconnaît volontiers l'influence que les *beats*, et plus particulièrement Allen Ginsberg et William Burroughs, ont pu exercer sur l'évolution de son propre travail. Conscient de cet héritage, ce n'est pas sans fierté que Smithson fait référence à ses liens avec diverses figures *beats* à l'occasion d'un entretien autobiographique pour les *Archives of American Art* en 1972. Il précise à cette occasion qu'il est né à Passaic, New Jersey, tout près de Paterson, où Allen Ginsberg avait vu le jour. Il se souvient qu'il allait voir le vieux William Carlos Williams et comment celui-ci «parlait souvent de Ginsberg sortant à n'importe quelle heure de la nuit». Influencé par l'idée *beat* du voyage libre, Smithson a fait le tour des Etats-Unis et du Mexique en stop, de 1956 à 1958. «Quand je suis revenu, *Sur la route* avait été publié, et tous ces gens-là venaient de se faire connaître, Jack Kerouac et Allen Ginsberg. D'ailleurs, je les ai rencontrés tous les deux» [8].

Considérons, par exemple, l'imagerie de *Howl*, cette protestation de Ginsberg contre la structure tortueuse de la société post-industrielle. L'enfer qu'il y décrit est vécu dans des «appartements de robots» et des «faubourgs invisibles», des «terrains et des arrières-cours vides» des «rangées branlantes des salles de cinéma», des «toits d'appartements» et face aux «néons clignotants des feux de circulation» [9].

L'obsession de Ginsberg pour la vie urbaine, les produits terrifiants de la science et de l'industrie, la structure du commerce, sont autant de thèmes du minimalisme et du *New Wave*, présents dans cette strophe de *Howl* :

«(J'ai vu les meilleurs de ma génération détruits par la folie) ... qui furent brûlés vivants dans leurs innocents complets-vestons en flanelle sur la Madison Avenue parmi des éclatements de vers en plomb et le fracas emmagasiné des régiments de fer de la haute-couture et les cris de nitro-glycérine des pédés de la publicité et la suffocante moutarde des rédacteurs en chef intelligents, ou qui furent écrasés par les taxis ivres de la Réalité Absolue[10].»

William Burroughs est un autre précurseur, encore plus sombre, de cette sensibilité. Smithson avait lu *Le Festin nu* à Rome en 1961. Il disait alors que «l'imagerie... correspondait... à une espèce d'accumulation massive et grotesque de toutes sortes de rituels de rejet... Le fait d'ériger ces situations rituelles me fascinait» [11]. L'intérêt de Burroughs pour la violence, la fantaisie sexuelle, les secousses de la technologie et le Tiers Monde, le désigne aussi comme un précurseur important du *New Wave,* comme on peut le constater dans ce passage typique de *La Machine molle* (1961) :

«Dans le matin bleu venteux masturbant un corps idiot souillé de chairs scarifiées froides – mains calcaires catatoniques croisées sur son yen – un ami de n'importe quelle structure-garçon coupé par un genre de mollusque – enfants des rues du vert ensemble – sourires lents de bronze d'une terre herbeuse sans mémoire – petits fantômes frais insouciants d'un spasme adolescent – excrément en métal et ténèbres de cristal de la cité-poisson – sous un crépuscule violet nos vêtements lacérés linge de momie sur parquets d'obsidienne – Panama se gluait à nos corps».

«Tu viens avec moi, Mister ?»

Aurores boréales clignotent de son «Oui» – La corde est ajustée – Se tortillant dans le vent des poils noirs crèvent sa chair – Grandes canines déchirent ses gencives avec le plaisir exquis d'un mal de dent – Les garçons taxis verts vont jusqu'au bout avec n'importe quel baratin [12].»

Sur le plan émotionnel, le mouvements *beat* et le *New*

Wave sont tous les deux *hot*. Leur art est basé sur un investissement affectif intensif dans l'expérience. Pour de nombreux adeptes, ce type de participation s'est avéré mortel. L'autodestruction apparaît alors : Neal Cassady, Jack Kerouac et Sid Vicious sont tous morts tragiquement. Dylan frôle la mort dans un accident de moto en 1966. Burroughs était un junkie.

Au contraire, le minimalisme a été un mouvement *cool*. Ses pratiquants étaient «détachés». Ils se protégaient par la distance intellectuelle. Pour eux, le danger consistait à devenir académiques, d'être neutralisés. Et c'est justement ce qui est arrivé à la plupart des leaders du mouvement : Carl André, Donald Judd, Dan Flavin, Walter De Maria, Sol LeWitt. L'incapacité de ces artistes à pousser leur travail au-delà de leurs concepts initiaux constitue l'échec de la génération minimaliste.

Les écrits de Smithson sont un lien entre la *Beat Generation* et les minimalistes, puis entre le minimalisme et le *New Wave*. Bien sûr, Smithson est mort prématurément et tragiquement. Mais sa mort était accidentelle, sans rien d'autodestructeur.

Cependant, les deux dernières années de sa vie, Smithson avait élaboré une méthodologie pour négocier la voie étroite entre la normalisation et l'autodestruction. Dans l'entretien de 1972, il n'est pas loin de codifier cette stratégie, largement basée sur des idées «marxistes», quand il confronte les illusions et les problèmes du capitalisme moderne. Les trois principes interdépendants de cette méthode sont la Conscience, la Réalité et le Dialogue [13]. Smithson insistait sur le fait que les artistes doivent être conscients des motivations de leur travail, de leur rôle dans la société, et du rôle de leur travail. («Vous savez bien que beaucoup de gens ne veulent pas entendre parler de ce genre de choses. Ils préfèrent que l'artiste soit un peu niais, inconscient et même complètement cinglé».)

Il insistait sur le fait que l'artiste doit essayer de traduire ce qu'il croit être la nature de la réalité, et non se laisser séduire par la création d'échappatoires, de «mondes rêvés» (qu'ils soient d'ailleurs agréables ou cauchemardesques). Il soutenait que les artistes «suffisamment idiots pour penser qu'ils sont sur un nuage» aidaient en fait à renforcer les valeurs politiques réactionnaires en perpétuant l'illusion sociale et politique dans les mondes rêvés qu'ils créaient. (Il a dit que l'art était l'opium de la bourgeoisie.)

Pour finir, il soutenait que le dialogue était le seul moyen pour un artiste d'atteindre la conscience et la perception du vrai. Son travail contient des dialogues entre l'art et l'environnement, l'artiste et le monde de l'art, le monde de l'art et la société. Il s'est attaqué au «mythe kantien» définissant l'objet d'art comme une «chose en elle-même». Il luttait au contraire pour imposer l'idée que le travail des artistes est dialectique : les choses n'existent pas en elles-mêmes. Elles sont liées à d'autres choses. Il parlait d'une méthode dialectique «qui cherche un monde en dehors de l'enfermement culturel».

«Ce sont de relations dont je veux parler. On a tendance à voir l'art en termes d'isolation, de neutralisation, de séparation, et c'est ce qui est d'ailleurs encouragé. L'art serait alors sur orbite, complètement indépendant des expériences de ce monde, et je m'intéresse davantage à ces expériences, non pour réfuter l'art, mais pour l'intégrer à ces expériences ; en d'autres termes, tous ces facteurs en font partie».

La génération *New Wave* a déjà eu ses laissés-pour-compte. Au moment même de leur apparition publique, certains de ses artistes se sont détruits, d'autres ont rapidement accepté que leur travail soit neutralisé. Pour combattre la montée croissante de ces dangers, l'artiste doit acquérir une méthodologie cohérente. Adopter des principes comme ceux de Smithson est peut-être le seul moyen pour la génération actuelle de survivre assez longtemps pour mener son travail à maturité.

Publié pour la première fois dans *Arts Magazine*, (New York), vol. 55, nº 9, mai 1981.

Notes sur les peintures (1982)

1. Ces tableaux représentent des prisons, des cellules et des murs.

2. Ici, le carré idéal devient une prison. La géométrie est révélée comme enfermement.

3. La cellule rappelle l'appartement, le lit d'hôpital, le bureau d'école – les points de chutes isolés de la structure industrielle.

4. Les tableaux constituent une critique du modernisme idéaliste. On trouve une prison dans le *Color-Field*. L'espace vaporeux de Rothko est emmuré.

5. Des conduits souterrains relient les éléments entre eux. Les «fluides vitaux» y entrent et en sortent.

6. Le stucage est une réminiscence des plafonds de motels.

7. La peinture *Day-Glo* * désigne le «mysticisme bon marché». C'est la lueur résiduelle de la radiation.

* Marque de peinture fluo vendue dans les années soixante.

Publié pour la première fois dans *Peter Halley, Collected Essays, 1981-1987*, Bischofberger Gallery et Sonnabend Gallery, Zürich, New York, 1988.

Déclaration (1983)

Même si mon travail est apparemment géométrique, sa signification se veut l'antithèse de l'art géométrique antérieur. L'art géométrique est généralement lié aux divers idéalismes de Platon, de Descartes et de Mies. Mon travail, en fait, est une critique de ces idéalismes.

J'ai tenté d'utiliser les codes du minimalisme, de la *Color-Field Painting* et du constructivisme pour révéler la base sociologique de leurs origines. Après Foucault, je vois dans le carré une prison ; derrière les mythologies de la société contemporaine, un réseau camouflé de cellules et de conduits.

Pour définir plus avant mon travail, j'aimerais aussi évoquer le travail de Robert Smithson. Alors que Smithson désignait la désolation du paysage industriel avec les symboles de la géométrie pure, je cherche, quant à moi, à injecter dans le monde idéal de l'art géométrique une trace de ce même paysage social.

Publié pour la première fois dans *Peter Halley, Collected Essays, 1981-1987, op. cit.*

Contre le post-modernisme : une relecture d'Ortega

De nombreux critiques ont montré depuis quelques années un intérêt grandissant pour l'idée de post-modernisme. Ils définissent le concept de différentes façons, mais tous sont convaincus que l'art moderniste touche à sa fin et qu'un nouvel ensemble de théories est nécessaire pour décrire l'art, aujourd'hui.

Aucun critique, cependant, ne semble avoir envisagé le fait que l'art, dit moderniste, ne soit pas simplement passé de mode, mais encore plus simplement, et avant tout, victime d'une mauvaise interprétation. Les critiques d'aujourd'hui semblent étayer l'idée de modernisme sur les analyses formalistes développées par Clement Greenberg dans les années cinquante. Mais cette définition du modernisme par Greenberg n'a jamais pu fonctionner quand il s'agissait de définir l'ensemble de la production artistique moderniste du XXe siècle. Ce modernisme formaliste n'a pas plus défini le passé qu'il ne définira le présent. Une autre définition du modernisme, esquissée par l'écrivain espagnol José Ortega y Gasset dans son essai de 1925, *La Déshumanisation de l'art*, sera à la fois plus adéquate et plus utile.

Toute définition du champ et de la typologie de l'art moderniste est à la fois un exercice descriptif et prescriptif, dans la mesure où aucune définition des caractéristiques de la production artistique, dans une société donnée, ne peut être détachée des aspirations de l'auteur pour cette société. Le modernisme de Greenberg tentait de trouver un équivalent artistique au rôle de leader international que l'Amérique recherchait après la guerre. Aujourd'hui, alors que ces aspirations se sont effondrées, il n'est pas étonnant que les idées, sous-tendant le mouvement esthétique qui en dépendait, paraissent hors de propos et éculées.

Greenberg cherchait aussi à donner une théorie du modernisme aux Etats-Unis, alors que le pays, contrairement aux nations européennes, n'était pas encore dans une phase post-industrielle, mais toujours dans sa première phase de croissance. L'art de l'Amérique après guerre, l'expressionnisme abstrait, était transcendantal, expressionniste et sûr de lui, comme l'art européen du XIXe siècle, quand l'Europe s'industrialisait. Le modernisme de Greenberg offrait à la promotion de l'art américain une théorie positiviste et déterministe, liée, ironiquement, à la fois aux valeurs du capitalisme du XIXe siècle (l'accent mis sur le «goût», la «qualité») et au marxisme du XIXe siècle.

Pour forger sa théorie, Greenberg a soigneusement ignoré une grande partie de l'art européen du XXe siècle. Dada, le surréalisme et Duchamp ne trouvaient pas leur place dans son système. Il fut obligé de taxer le cubisme analytique de «contre-révolution» envers le modernisme, et de faire commencer l'ère moderniste au milieu du XIXe siècle pour y inclure les impressionnistes (tout spécialement Monet), qui étaient paradigmatiques à sa théorie [1].

Cette stratégie a occulté des distinctions importantes entre ce siècle et le précédent. Dans le modernisme formaliste de Greenberg, le XIXe et le XXe siècles sont abordés comme une période historique unifiée. Les différences fondamentales entre le XIXe siècle industriel et le XXe siècle post-industriel sont ignorées. Mais en fait, le XIXe siècle représente la phase de l'industrialisation du monde occidental, du mécanisme, de l'empirisme et de l'art populaire (le romantisme et le réalisme). C'est le siècle de la confiance et de la passion.

Le XXe siècle, au contraire, est celui de la relativité et du doute : la physique d'Einstein remplace le mécanisme de Newton, comme la subjectivité freudienne succède à l'absolutisme victorien. Sur le plan philosophique, le positivisme marxiste est remplacé par le doute existentialiste et phénoménologique. L'automatisation, l'électronique et l'Etat-providence mettent fin à l'influence du travailleur dans les industries lourdes.

Créer une théorie du modernisme, qui rassemble des époques si différentes comme Greenberg a cherché à le faire, ne peut que créer des difficultés. Chez Ortega, nous trouvons au contraire une théorie du modernisme qui se limite à l'art du XXe siècle.

Comme Greenberg, Ortega remplit un rôle normatif par rapport à l'art moderniste. Il voit en lui l'art du XXe siècle et de la société libérale, dont il chante les louanges. Pour Ortega, la première force intellectuelle du XXe siècle, c'est le relativisme. Ce relativisme naît chez des individus pour qui le doute est fondamental, il nécessite l'invention d'un système politique tolérant apte à intégrer ce doute. Pour Ortega, ce système politique c'est le libéralisme : «Le cri le plus noble qui ait jamais été poussé sur cette planète [2].» En 1930, à l'époque où le fascisme montait partout en Europe, et alors que la révolution russe était tombée dans les horreurs du stalinisme, il écrivait :«Le libéralisme est un système basé sur les droits politiques, selon lequel le pouvoir public, malgré sa toute puissance, limite volontairement son influence et tente, même à ses dépens, de laisser une place au sein de l'Etat qu'il dirige à ceux qui ne pensent et ne réagissent pas comme lui...»

A la base du libéralisme selon Ortega se trouve la croyance suivante : les progrès technologiques et politiques de la société sont dus à des individus exceptionnels, séparés de la «masse» de l'humanité par leur «nécessité intérieure... de s'élever vers quelque chose de plus haut qu'eux-mêmes, de se dépasser, et d'accepter librement ce que cela implique». De tels individus, grâce à leurs efforts exceptionnels, sont ceux qui «créent» les institutions caractérisant notre civilisation, bien que leur travail soit le plus souvent laissé dans l'ombre. Des progrès comme l'eau courante, la protection de la loi ou l'automobile sont considérés par la «masse» comme des droits naturels, alors qu'ils sont le résultat des luttes de ces individus engagés.

A l'opposé de cet individu exceptionnel, Ortega définit «l'homme-masse». L'homme-masse se distingue de l'homme du commun. Il n'appartient à aucune classe socio- économique particulière, c'est plutôt un individu qui «se considère comme parfait». L'homme-masse «ne ressent aucun manque en dehors de lui-même». Rien ne l'incite à respecter les principes de légalité quand ceux-ci ne servent pas son intérêt personnel. Il considère les bienfaits de la civilisation comme des droits naturels, et non comme la résultante d'une chaîne complexe d'interactions sociales. L'homme-masse croit en «l'action directe». Quand il est au pouvoir (comme sous l'Allemagne nazie ou la Russie staliniste), «la masse homogène pèse de tout son poids sur le pouvoir public et écrase, annihile tout groupe opposant», car la masse «éprouve une haine implacable pour tout ce qui ne lui ressemble pas».

Le libéralisme d'Ortega rejette les aspirations populistes qui ont assombri la pensée artistique dans ce pays pendant tout le XXe siècle. L'aspiration au populisme est due en partie à la croyance en l'opinion de la majorité, qui est la base même de l'approche démocratique américaine. C'est aussi l'aboutissement des aspirations humanistes des intellectuels américains, après-guerre. Des tentations marxisantes de Clement Greenberg et de Meyer Shapiro au populisme socialiste de Gregory Battcock et de Kim Levin, jusqu'à des enfants terribles de l'extrême droite comme Jedd Garet récemment, il y a toujours eu un malaise par rapport au libéralisme chez ceux qui écrivent sur l'art, d'où le désir d'adapter d'une façon ou d'une autre l'art moderniste au moule populiste. Ortega, à l'encontre, soutient non seulement que l'art moderniste n'est pas seulement impopulaire par nature, mais anti-populaire, dans la mesure où l'idéal qu'il exprime est l'antithèse de celui de l'homme-masse.

Selon Ortega, le modernisme artistique est un art essentiellement basé sur le doute. Dans *La Déshumanisation de l'art*, il en définit les caractéristiques. Le «style nouveau» tend à :

1) déshumaniser l'art,

2) éviter les formes vivantes,

3) ne voir en l'œuvre d'art rien d'autre qu'une œuvre d'art,

4) considérer l'art comme un jeu et rien d'autre,

5) être essentiellement ironique,

6) se méfier du factice et donc rechercher une réalisation scrupuleuse,

7) considérer l'art comme non transcendant.

A travers chacun de ces points, il cherche à différencier

l'art du XXe siècle, celui du doute, et l'art passionné, positiviste et confiant qui a caractérisé le XIXe. Cinquante ans plus tard, l'héritage de l'art du XIXe est sans doute toujours présent, et il sera d'autant plus utile d'étudier le raisonnement d'Ortega.

Ortega déclare tout d'abord que l'art moderniste est «déshumanisé». Il tente ici de distinguer l'effet produit par l'art, le «plaisir de la vue», de la sensiblerie autobiographique qui a dominé le XIXe siècle. Par déshumanisation Ortega entend l'«a-émotionnel». L'art moderniste, celui du doute, doit se tenir à l'écart de la «contagion» des «sentiments personnels». Ortega illustre ce phénomène dans le domaine musical : «De Beethoven à Wagner, la musique visait essentiellement à exprimer des sentiments personnels. Le compositeur érigeait de grandes structures sonores conformes à son autobiographie... Wagner a utilisé son adultère avec Mathilde Wesendonck dans *Tristan et Isolde*, et si on veut apprécier cette œuvre, il faut devenir, soi-même, vaguement adultère pendant quelques heures.»

Mais les réalités «vécues» sont trop puissantes pour ne pas susciter la sympathie qui nous empêche de percevoir les relations esthétiques dans leur «pureté objective», elles doivent donc être écartées en tant que contenu de l'art moderniste.

«La musique devait être débarrassée du sentiment. Debussy s'en est chargé. Grâce à lui, on a pu écouter la musique sereinement, sans larmes ni pâmoisons».

Le contraste entre ces deux attitudes est tout à fait évident dans le cinéma d'aujourd'hui, où art moderniste et art populaire continuent de coexister. Le cinéma populaire nous oblige, par des techniques coercitives d'illusionnisme, à éprouver la peur ou la joie, presque involontairement. Pour le cinéma moderniste de Stan Brackage, Hollis

Frampton ou Jean-Luc Godard, nous sommes confrontés à une «algèbre de métaphores» qui peut nous «surprendre, nous émerveiller», des conditions qui «placent toujours l'intellectuel dans l'extase perpétuelle du visionnaire».

Ortega déclare que «l'art devrait être pure clarté, pure intelligence. Les larmes et le rire sont, esthétiquement, des escroqueries. La beauté ne doit pas passer par le sourire, la mélancolie ou la joie». Le doute et la réflexion ne sont possibles que dans cette atmosphère. Et dans le modernisme d'Ortega, cette réflexion a un objectif élevé qui la rattache au courant de la pensée phénoménologique du XXe siècle.

Nous utilisons nos idées d'une façon «humaine» quand nous les utilisons pour penser à telle ou telle chose. Quand nous pensons à Napoléon, par exemple, nous nous intéressons naturellement au grand homme qui porte ce nom. Un psychologue, au contraire, adopte une attitude inhabituelle et «inhumaine» quand il oublie Napoléon et s'efforce d'analyser l'idée qu'il a de Napoléon en tant qu'idée. Sa perspective est à l'opposé de celle qui prévaut spontanément. L'idée, au lieu de fonctionner comme moyen pour penser l'objet, devient elle-même l'objet et le but de la pensée.

De cette façon, Ortega relie le modernisme davantage aux positions de la phénoménologie husserlienne du XXe siècle qu'au marxisme positiviste et déterministe du XIXe. Ortega insiste sur les limites de l'idéation humaine : «Nous ne connaissons de la réalité, au sens strict, que les idées que nous sommes parvenus à formuler à son sujet, et rien d'autre.» Mais selon Ortega, ce phénomène n'est pas pris en considération. «C'est grâce aux idées que nous percevons le monde, mais une disposition d'esprit naturelle nous empêche de voir les idées elles-mêmes... Le mouvement spontané de l'esprit l'incline à partir des concepts pour appréhender le monde.» Il démontre que l'art traditionnel se contentait de considérer les idées comme des synonymes de la réalité ; la réalité était «idéalisée, même s'il s'agissait d'une falsification innocente». Le moderniste, qui aspire à la «réalisation scrupuleuse», inverse ce processus : «... si nous tournons le dos à la prétendue réalité, et que nous prenons les idées pour ce qu'elles sont – de simples schémas subjectifs – et en les faisant vivre comme tels, minces et angulaires, mais purs et transparents ; en bref, si nous proposons délibérément de «réaliser» nos idées, alors nous les aurons déshumanisées, et, chemin faisant, déréalisées.»

L'artiste moderniste inverse le mouvement «spontané» du monde à l'esprit. «Nous donnons une existence tridimensionnelle à de simples schémas, nous objectivons le subjectif, nous «mondifions» l'imminent». Comme il écrit cela dans les années vingt, il trouve cette tendance à des «degrés divers» à la fois dans l'expressionnisme et le cubisme, réconciliant alors des approches que les formalistes considèrent comme antithétiques : «De la peinture des objets, l'artiste s'est tourné vers la peinture des idées. Il se concentre sur ses propres images subjectives.»

Les autres caractéristiques de la définition d'Ortega découlent de cette vision déréalisée de l'art. Le moderniste évite les «formes arrondies et douces des corps vivants», parce qu'elles sont fortement associées à la fois aux «réalités vécues», à l'art occidental traditionnel et ses aspirations au «salut de l'humanité», si puissantes dans l'atmosphère transcendantaliste du XIXe siècle.

Ortega déclare que, plongé dans le doute husserlien, le moderniste est «ironique», que «quelque soit son contenu, l'art lui-même est railleur. Rechercher la fiction en tant que telle... est une proposition qu'on ne peut exécuter qu'en plaisantant. Etre un artiste signifie cesser de prendre au sérieux la personne très sérieuse que nous sommes quand nous ne sommes pas un artiste». L'art moderniste fonctionne comme «un système de miroirs qui réfléchissent l'infini, [où] aucune forme n'est ultime, toutes étant éventuellement ridiculisées et révélées en tant qu'images pures».

De la même façon, il considère qu'il n'y a dans l'art «aucune transcendance», aucune prétention. «Le royaume de l'art commence là où l'air se fait plus léger et où les choses, débarrassées des entraves formelles, commencent à faire de malicieux entrechats». Ortega lie l'impulsion moderniste à l'idée de jeu et de jeunesse. En fait, le modernisme a été, de façon caractéristique, le cheval de bataille de jeunes artistes qui, en vieillissant, sont souvent retombés dans cette solennité qui rappelle l'artiste-héros au XIXe.

Pour apprécier la valeur de la définition du modernisme selon Ortega, il faut montrer à quel point elle s'applique aux événements artistiques de ce siècle, y compris les plus récents. Un panthéon moderniste pour Ortega est très différent de celui de formalistes comme Greenberg. Contrairement au choix de Greenberg, les modernistes proposés ici ne présentent pas d'unité formelle. C'est plutôt un mécanisme commun de signification qui unifie leur travail.

Dans la mesure où le modernisme selon Ortega est une théorie sur le comportement commun à tous les arts, il s'applique aussi bien à la musique qu'à la littérature. La quintessence des musiciens modernistes est représentée par des figures comme Eric Satie et John Cage ; chez les écrivains modernistes, on peut citer des dramaturges comme Pirandello, Samuel Beckett et Bertold Brecht, ou des romanciers comme James Joyce, Alain Robbe-Grillet et Thomas Pynchon.

Dans le domaine des arts visuels, on peut citer Picasso (de 1907 à 1914), Duchamp, Jasper Johns (de 1955 à 1960), Ad Reinhardt et Andy Warhol. Tous sont incontestablement engagés dans une démarche qui doit plus au relativisme du XXe siècle qu'à la «contagion psychique» du romantisme ou qu'au mécanisme de l'empirisme du XIXe siècle.

Dans les arts visuels, le modernisme naît bien entendu avec Picasso. Le cubisme analytique est une négation complète des postulats artistiques antérieurs. Avec le cubisme, on voit pour la première fois l'artiste se concentrer complètement sur ses schémas mentaux, et les «réaliser» sur la toile. C'est avec le cubisme que l'on voit pour la première fois l'artiste se contenter de considérer son travail comme une chose «sans conséquence transcendantale», une aventure avant tout ironique et ludique. (Voir les fréquents jeux de mots sur les lettres J.O.U qui transforment la réalité du *Journal* du XIXe siècle en jeu pictural.)

Chez Duchamp, ce point de vue moderniste est également bien défini. Le *ready-made* est une tentative de «réalisation scrupuleuse» dans laquelle la représentation de l'objet est en adéquation avec la présence (présumée) de l'objet lui-même. De la même façon, *Le Grand Verre*, selon la description de Duchamp, est «l'apparition d'une apparence». Duchamp était en plus passionné par le jeu (voir sa fascination pour les jeux de société, la roulette et les échecs). L'une de ses dernières pièces est un relief en plâtre, au titre digne d'Ortega : *With My Tongue In My Mouth*, *Torture – morte* (1959).

Chez Jasper Johns, on remarque aussi ce souci de la «réalisation scrupuleuse». Dans ses premiers travaux, il abandonne toute velléité de représenter des objets tridimensionnels sur un plan bidimensionnel, en préférant limiter scrupuleusement ses représentations sur des plans bidimensionnels à des motifs bidimensionnels (tels que les drapeaux, les cibles, ou les nombres), ou restituer des objets tridimensionnels, en utilisant le moulage (parties du corps, flashs, etc.). Le chevauchement est rendu par celui des toiles (comme dans *Three Flags,* 1958). A travers tout ceci Johns garde une attitude ironique (il a même intégré l'empreinte d'un fer à repasser dans certains de ses derniers tableaux). Le jeu est plus précisément évoqué, dans son travail, par la cible (objet utilisé dans un jeu d'adresse) ; par son utilisation des bandes dessinées (dans *Alley Oop*, 1958), et par des balles de caoutchouc (dans *Painting With Two Balls*, 1960). En faisant des signes le sujet même de son art, Johns a donné, comme le suggère Ortega, une «existence tridimensionnelle à de simples motifs». Johns a lui-même déclaré qu'il peignait «des choses que l'esprit connaissait déjà. Ce qui me donnait toute latitude de travailler à d'autres niveaux [3].»

Il y a chez Reinhardt une approche à la Ortega de l'abstraction. Dans son «L'Art en tant qu'art», il déclare que «L'Art en tant qu'art est une réflexion sur l'essence de l'art». Reinhardt affirme que : «La prochaine révolution artistique sonnera le glas des vieilles rengaines sur «l'art et la vie» que les vieux artistes ratés aiment chanter en chœur avec les vieux amateurs sur le retour et un public nouveau, riche et avide [4].»

Les déclarations de Reinhardt rejoignent tout à fait les idées d'Ortega : «Non seulement la douleur et la joie devant les destins qu'une œuvre d'art montre ou raconte sont aux antipodes du vrai plaisir artistique, mais l'intérêt pour le contenu humain de l'œuvre est *a priori* incompatible avec la jouissance esthétique proprement dite.»

Pour réaliser cela, Reinhardt souhaite libérer radicalement

son travail de tout sujet autre que les schémas mentaux et les processus intellectuels. Dans une autre diatribe, il écrit : «...Pas de représentations, pas d'associations, pas de distorsions, pas de caricatures, pas d'effets de pâtes, pas de *drippings,* pas de voyages délirants, pas de sadisme, ou de déchirures, pas de thérapie, pas de destruction d'idoles... pas d'empâtement, pas de plasticité, pas de relations, pas d'expériences...»

A la place, il préconise «la symétrie absolue, la raison pure, la rigueur... Une peinture centrale, frontale, régulière, répétitive... Pour la couleur, le noir, le vide... La verticalité et l'horizontalité, le rectiligne, le parallélisme, la stase». Reinhardt illustre la revendication d'Ortega : «L'art moderne ne doit pas procéder par contagion psychique, la contagion psychique étant un phénomène inconscient, alors que l'art doit être pure clarté, pure intelligence.» On peut aussi constater que l'esthétique de Reinhardt s'est constituée à partir d'une démarche ironique dans son travail : «Tout ce que les artistes [abstraits] se sont vus reprocher de mauvais, je l'ai volontairement choisi, et j'en ai fait quelque chose de positif. Des mots comme inhumain, stérile, froid sont devenus *cool*... Et les autres – académique, dogmatique, absolu – je les ai eux aussi choisis et j'ai dit : «Eh bien ? Pourquoi pas académique ?»

Mais c'est peut-être Andy Warhol qui pousse les principes d'Ortega sur le modernisme à leurs plus extrêmes limites. Warhol applique «l'inversion» de la déshumanisation moderniste non seulement à son art mais à sa vie elle-même. Il ne se contente pas d'accomplir la «réalisation» de ses idées dans son œuvre, mais, plus encore que Duchamp, il les réalise également dans sa vie de tous les jours. Il abandonne sa vie «humaine» dans son art, et dans sa vie quotidienne. Comme Warhol le dit lui-même : «Je crois qu'une fois qu'on a vu les émotions sous un certain angle, on ne peut plus les considérer comme réelles. C'est plus ou moins ce qui m'est arrivé [5].»

Grâce aux instruments d'enregistrement électroniques, Warhol a pu abandonner les «réalités vécues» pour se concentrer sur le «pan de verre» de la perception : «L'acquisition de mon magnétophone a mis fin définitivement à ce qui me restait de vie émotionnelle, mais j'étais tout à fait heureux qu'il en soit ainsi. Plus rien ne m'a jamais posé de problème, car un problème signifiait un bon enregistrement, et quand un problème se transforme en bon enregistrement, ce n'est plus un problème.»

Ceci répond à la description de l'artiste par Ortega : «Le peintre n'est pas concerné, il ne fait que garder les yeux ouverts. Ce qui se produit ici ne le regarde pas ; il est en quelque sorte à des centaines de kilomètres. Son attitude est une attitude entièrement perceptive ; en fait, il ne peut percevoir l'événement dans toutes ses implications. Le sens profond de celui-ci échappe à son attention, entièrement concentrée sur le visuel... Nous trouvons chez le peintre un maximum de distanciation et un minimum d'investissement émotionnel.»

Warhol était fasciné par ceux dont les médias avaient «déshumanisé» la vie, les stars de cinéma, les célébrités, les travestis. Selon Warhol, le cinéma offrait le meilleur exemple de cette inversion : «La meilleure atmosphère à laquelle je puisse penser est celle du film, car il est physiquement tridimensionnel et émotionnellement bidimensionnel.»

En même temps, Warhol partage avec Ortega cette conscience du caractère ludique de toute la tradition moderniste. Ortega précise à ce sujet : «Pour l'artiste d'aujourd'hui, le royaume de l'art commence là où l'air se fait plus léger et où les choses, débarrassées des entraves formelles, commencent à faire de malicieux entrechats... Le symbole de l'art redevient alors le dieu Pan faisant cabrioler les chevreaux à l'orée du bois.»

Warhol se fait l'écho de ce point de vue : «Dans certains cercles où des gens très importants pensent avoir des cerveaux importants, des mots comme «charmant», «agréable», «joli» sont tous rejetés, et tout ce qu'il y a de plus léger dans la vie, ce qui est le plus important, est rejeté.»

Aujourd'hui, les critiques post-modernistes prétendent que les jeunes artistes ne travaillent plus en fonction des paramètres du modernisme. C'est vrai – et ce le fut pendant longtemps – si on définit le modernisme selon l'approche formaliste de Greenberg.

Cependant, si on adopte la thèse d'Ortega, on constate que bon nombre de jeunes artistes, surtout ceux qui sont défendus par la critique post-moderniste, travaillent dans la même direction que cette théorie vieille de cinquante ans. R.M. Fischer, Steven Keister, Cindy Sherman et Richard Prince sont les noms qui viennent à l'esprit quand on songe à des artistes pouvant aspirer à l'idée de modernisme proposée par Ortega.

D'autre part, une certaine partie de la production artistique aujourd'hui n'a effectivement rien à voir avec l'idée de modernisme. Mais la qualifier de post-moderniste est sans doute une erreur dans la mesure où elle présente toutes les caractéristiques d'un «pré-modernisme». Le retour à la perspective, à l'unité de l'objet d'art, à l'expression humaine, à la «sensibilité» ne sont qu'un retour aux stratégies du XIXe siècle, exploitées par les artistes rétrogrades, comme le précise H. D. Buchloh dans son récent essai sur la «nouvelle image [6].»

Il y a toujours eu un art rétrograde dans notre culture, mais le phénomène nouveau, aujourd'hui, c'est que ce travail puisse être considéré comme majeur. Ceci est la conséquence des changements intervenus dans notre société depuis dix ans.

Des années cinquante aux années soixante-dix, c'est la classe des entrepreneurs qui, en période de prospérité économique, a soutenu le modernisme dans le domaine qui lui est le plus souvent associé : les arts visuels. Cette classe a aujourd'hui largement abandonné son intérêt pour l'idée de modernisme (comme elle a abandonné ses aspirations au libéralisme). Elle cherche au contraire à se rassurer en se réfugiant dans l'historicisme, le romantisme et une parodie d'individualisme.

Aujourd'hui, le modernisme s'est en grande partie déplacé dans une autre sphère, où il est soutenu par une classe différente. Il est aussi vivant en musique qu'il est attaqué dans les arts visuels. Des groupes comme les *Talking Heads*, les *Clash*, les *Gang of Four* et *Public Image Limited*, ont tous pris une position fondamentalement moderniste. David Byrne, des *Talking Heads*, par exemple, chante que «les faits sont inutiles en temps de crise», que :

«Les faits sont simples, les faits sont directs
Les faits sont paresseux, les faits sont en retard
Les faits ont tous des points de vue
Les faits ne font pas ce que je veux
Les faits trafiquent la vérité
Les faits sont vivants et réversibles [7].»

Il reflète ici la position d'Ortega sur les limites de l'idéation. Les *Clash* chantent la confrontation, dans un dessin animé, entre le *G.I. Joe* et *Ivan*, un «ours russe», en retournant ironiquement contre eux les étiquettes chauvinistes. Les

Gang of Four chantent :

«Le problème du loisir
Que faire pour le plaisir
L'amour idéal, un nouvel achat
Un marché des sens [8].»

Ils transforment les procédés publicitaires en une «algèbre des métaphores» et neutralisent ainsi la «contagion» de la culture populaire. De la même façon, le leader du groupe les *Dead Kennedys* utilise le nom de plume moderniste de Jello Biafra (candidat à la mairie de San Francisco, avec ce slogan : «Il y a toujours de la place pour Jello»).

Dans l'instrumentation, ces groupes parodient constamment le phrasé des débuts de la pop-music. Le jeu permet aux *B-52s* de transformer le bourdon un peu vide de la musique du début des années soixante en autre chose. Beaucoup de ces musiciens ont aussi adopté une attitude clairement moderniste pour leurs personnages publics. John Lydon, de *Public Image Limited*, a déclaré lors d'un entretien pour le magazine canadien *Mac Lean's* : «J'en ai assez du passé, et le futur commence également à être répétitif. Je ne sais pas vraiment quoi dire. Je dis tout le temps des conneries. Je suis un menteur, un hypocrite, un vrai salaud. On devrait me jeter...»

Le modernisme de ces musiciens est particulièrement significatif, parce qu'il s'attaque au principal bastion d'un art populaire ancré dans le XIXe siècle : la musique électronique rock. Parce qu'ils appliquent l'attitude moderniste de l'ironie et du doute à des problèmes politiques et sociaux, leur travail finit par servir le propos qui, selon Ortega, était l'objectif du modernisme – préserver la possibilité de la démocratie libérale. Leur volonté de traiter des événements majeurs de notre culture fait de ces musiciens des successeurs importants des modernistes les plus audacieux du passé.

cieux du passé.

Dans les périodes d'incertitude et de crises économiques, comme la nôtre, les riches se réfugient toujours dans la peur et la réaction.

D'autre part, pendant ces périodes défavorables, il y a des petits groupes, parmi ceux qui n'ont pas trouvé de statu quo, qui seront amenés à la réflexion et au doute les plus intenses. Ces musiciens ne sont pas soutenus par la classe aisée des entrepreneurs (comme l'ont été les artistes modernistes), mais par une minorité d'individus qui réfléchissent, qui doutent et qui possèdent les quelques dollars nécessaires à l'achat d'un album.

Cette structure de marché a permis l'éclosion du modernisme dans le domaine musical aujourd'hui. Elle pourrait donner l'impulsion nécessaire à sa résurgence dans les arts visuels.

Publié pour la première fois dans *Arts Magazine,* (New York) vol. 56, nº 3, novembre 1981.

Ross Bleckner :
la peinture à la fin de l'Histoire

Finis les arbres et les espaces clos. Finies les habiles compositions d'entrelacs. Finies les descriptions d'objets, l'éclectique représentation du cubisme synthétique qui liait le travail de Ross Bleckner à des artistes comme Jennifer Bartlett et Elizabeth Murray.

Seule demeure la lumière – une lumière qui naît d'une dialectique des oppositions, le noir et le blanc, l'optique et le pictural – la lumière naît d'un «art mauvais», du souvenir adolescent de l'*Op' Art*, de Cap Canaveral, de la «*New York's World Fair*», de l'âge d'or américain. Les pensées tourbillonnent sans fin d'arrière en avant. Et la lumière repousse. L'œil ne peut se fixer sur les bandes floues et mouvantes. La lumière se métamorphose alors en barres qui empêchent d'entrer dans la peinture.

Une grande partie de la production récente a choisi pour sujet des images qui sont d'une certaine façon emblématiques de l'ère moderniste. Pour Sherrie Levine, cette imagerie est la photographie du XXe siècle. Pour Cindy Sherman, ce sont les photographies de films, où sa propre image remplace celle du «produit-célébrité». Pour Ross

Bleckner, dans son travail récent, le sujet du discours, c'est l'*Op' Art*.

L'*Op' Art* est choisi comme symbole éloquent de l'échec complet du positivisme après la guerre, de la transformation des impératifs technologiques et formels introduits par le Bauhaus dans la modernité impitoyable préconisée et pratiquée par l'Amérique après la guerre, de la transformation de l'esthétique de Mies et de Gropius en hoola hoop, en arrière de Cadillac, en Tang et en *Op' Art*. Comment et pourquoi cela s'est-il produit ? Comment, a-t-on pu en arriver par exemple à ce que Coca-Cola choisisse Josef Albers comme consultant pour décider quelle nuance de rouge devait être utilisée dans son logo ?

Le positivisme du Bauhaus soutenait qu'il était possible de se débarrasser de l'Histoire, des fidélités ethniques ou régionalistes, de la sensiblerie destructrice, de l'adhésion irrationnelle à la tradition, pour se tourner vers des solutions rationnelles et formelles, basées sur la connaissance scientifique et le savoir-faire technique. Dans l'Europe d'avant-guerre, ce modernisme positiviste servait les objectifs des idéaux socio-démocrates qui avaient, à l'origine, suscité sa création. Dans l'Amérique d'après-guerre, il s'est détaché de ce programme social et, aidé en cela par la prédilection américaine pour le fonctionnalisme, il est devenu la modernité, cette vision du monde proposée par l'Amérique.

Mais l'attrait de la modernité, pour l'Amérique, ne reposait pas sur des possibilités de production plus efficaces, offertes par la réflexion formelle et technologique. La modernité était devenue utile parce qu'elle permettait de dire à la communauté que les valeurs technologiques étaient des valeurs modernes ; que le consommateur devait abandonner ses habitudes alimentaires, vestimentaires, ses loisirs traditionnels, pour qu'on puisse lui proposer des alternatives plus compétitives financièrement donc plus intéressantes ; que les communautés devaient abandonner leurs coutumes, leurs modes de production et leurs organisations sociales pour qu'on puisse transformer la société, afin d'exploiter plus efficacement les ressources naturelles et d'ouvrir de nouveaux marchés. La modernité devint alors un moyen de stimuler les ventes et les profits du marché tout entier, grâce au concept d'obsolescence planifiée, qui persuadait le consommateur de se débarrasser de ses appareils ménagers ou de son automobile en parfait état de marche et de les remplacer par un nouveau modèle répondant aux nouveaux critères de l'esthétique industrielle : une plus grande efficacité formelle et technologique.

L'*Op' Art* fut l'expression de cette stratégie. Ignorant l'Histoire, ignorant les savoir-faire artistiques traditionnels, l'*Op' Art* a représenté cette énergie pulsative, presque électrique qui était censée faire fonctionner les marchés de la société industrielle. Pour créer ses effets, il n'a utilisé que les règles scientifiques de l'interaction optique, les couleurs et les pigments synthétiques les plus récents. L'*Op' Art* est apparu en 1965, en plein âge d'or de l'expansion américaine, la même année que la grande exposition de la modernité américaine, la «*New York's World Fair*». Il est apparu avant la prise de conscience d'un possible éclatement des valeurs du progrès moderne, avant le Viêt-Nam, avant 1968, avant l'O.P.E.P. Et plus que tout autre mouvement artistique contemporain, l'*Op' Art* obéissait parfaitement au principe d'obsolescence planifiée de la modernité sur lequel il était construit et au bout d'une saison seulement il avait disparu.

*

«La Tour de Lumière. La Tour de Lumière était très isolée. Très peu de gens y allaient. C'était un si bon *emplacement.* Près de la Cour de l'Univers, pratiquement au cœur des choses. Près de General Electrics, pas loin de Coca-Cola, qui était si célèbre, près de *Clairol,* du Pavillon *Clairol* où les femmes faisaient la queue pendant des heures afin d'être conseillées sur leurs cheveux, sur la façon de les coiffer. C'était un bon emplacement, mais il était isolé [1].»

Pour toute une génération d'artistes d'aujourd'hui, ces années, symboles de la toute puissance américaine, ont une signification précise. Le rêve américain était la réalité de leur adolescence. Approfondir sa signification, faire revivre sa syntaxe a, pour eux, un sens psychologique et sociologique, tout comme pour les surréalistes, l'imagerie de la Belle Epoque, période de leur adolescence, a eu des conséquences iconographiques particulières. Dans son récent essai, cité plus haut, *Within the Context of No Context*, George W.S. Trow Jr. évoque ses souvenirs d'adolescent à la «*New York's World Fair*», en 1964-1965. Des artistes comme David Salle et Steve Keister, des groupes musicaux comme les *B-52s* et les *Modern Lovers* ont aussi exprimé dans leur travail le besoin de faire revivre et de créer à partir de la sociologie du milieu des années soixante. Ross Bleckner reconnaît que pour lui aussi l'*Op' Art* était alors le nec plus ultra de l'art moderne.

Dans ses premiers travaux, comme *Photo-Synthesis* et *The First Morning of the Second World* (tous les deux de 1980), Bleckner avait déjà commencé à traiter ce problème du positivisme. Dans *Photo-Synthesis*, quatre panneaux avec des figures – d'inspiration non occidentale, symboliste et du début de la Renaissance, suggérant une certaine compréhension non rationnelle du processus de croissance végétale – cachent un plan noir grossièrement quadrillé d'un réseau de lignes blanches. On a alors l'impression que l'iconographie intuitive obscurcit et nie la rationalité suggérée par le titre et la grille cartésienne de l'arrière-plan.

Dans son nouveau travail, *The Forest,* Bleckner s'est concentré sur l'échec du positivisme, non comme vérité philosophique, mais comme credo social. Il nous offre non sans ironie un exemple de l'esthétique de la modernité même, montrant ainsi non les possibilités du positivisme mais son échec et ses limites. (Ces toiles sont alors proches des images de Warhol, des chaises électriques et des émeutes raciales en particulier.)

L'ironie inhérente à ces tableaux s'applique aussi au processus pictural lui-même. Bleckner prend une distance ironique par rapport à la stratégie de «l'art sur l'art» qu'il utilise lui-même. Alors que des artistes comme Bill Jensen, Gregory Amenoff, ou les nouveaux peintres italiens ou allemands, utilisent comme modèles certains aspects largement reconnus des débuts de l'art moderne, Bleckner préfère choisir ses citations dans un style que la critique n'a pas légitimé. Il a créé quelque chose qui ne relève pas de «l'art sur l'art» mais de «l'art sur l'art mauvais». Par ailleurs sa stratégie est encore plus complexe que celle d'autres artistes récents trouvant leur inspiration «d'art mauvais» dans l'art populaire, commercial ou fantastique qui n'ont jamais été pris en considération par la critique. Bleckner travaille à partir d'un art aujourd'hui considéré comme sans intérêt, mais qui a été, même très peu de temps, important.

*

Mais les tableaux de Bleckner ne sont pas seulement une critique de la culture américaine d'après-guerre, car il a retrouvé une autre clef importante : cette conscience inhérente à l'*Op' Art*, inhérente à l'univers de vibrations et d'abstraction qu'il suggère, c'est le psychédélisme et la transcendance. En fait, les années soixante ont pleinement exploité ce potentiel. La syntaxe de l'*Op' Art*, les bandes ondulantes claires et sombres, a été déplacée de son contexte technocratique et adoptée comme symbole du psychédélisme, cette quête visionnaire de l'âge post- industriel.

Bleckner a mis en valeur cette prise de conscience dans une série de stratégies qui insiste sur la transcendance implicite de ses bandes blanches. Quand on fixe son attention sur les vibrations des surfaces, on commence à remarquer la présence des gouttes et des coups de pinceau. L'échelle éléphantesque des tableaux évoque davantage les murs de lumière de l'expressionnisme que les objets discrets, portables et esthétiques que proposait l'*Op' Art*. (Le plus grand mesure 6 x 2,50 mètres-format du *Vir Heroicus Sublimis* de Barnett Newman.) Bleckner a réduit le vocabulaire de l'*Op'Art* à des bandes verticales parallèles, remettant de manière provocante, à l'ordre du jour le concept apparemment caduc de la composition *All-Over* où la distribution de l'énergie dans la toile répond à la toute puissance du transcendantal dans l'univers. Ainsi on est confronté à un malaise engendré par la coexistence du transcendantal et de l'ironique dans la même œuvre.

Aujourd'hui, le modernisme est appréhendé de deux façons différentes par deux camps opposés, les relativistes et les transcendantalistes. Les transcendantalistes ont attribué au modernisme la qualité première de la présence. Pour eux, le modernisme est idéaliste et jungien. Ils considèrent Matisse, Mondrian et Kandinsky comme exemplaires et recherchent les racines du modernisme chez les symbolistes français et chez Emerson. Ils estiment que le travail de Pollock, de Rothko et de Newman répond radicalement à cette exigence de présence. Cette position transcendantaliste, défendue par la très convaincante et non moins réactionnaire Barbara Rosc, est tombée en désuétude.

Il y a d'autre part les relativistes. Ebauché chez Manet, pleinement exprimé chez Picasso et Duchamp, puis Rauschenberg et Johns, le relativisme nous considère comme prisonniers de notre propre système de signes et donc incapables d'appréhender le monde qui nous entoure. Puisant ses sources dans la phénoménologie, chez Freud et dans l'incertitude heisenbergienne, ce modernisme s'exprime par l'ironie et le doute, l'humour et le jeu.

Dans les tableaux de Bleckner, le fossé entre ces deux modernismes est comblé. Ils sont ironiques et indiquent la présence dans le même temps ; ils sont blancs et noirs. L'image qui nous est proposée est à la fois métaphysique et moqueuse : c'est celle d'un dieu hilare. Mais la divinité que crée Bleckner n'a plus rien à voir avec la sévérité et le tragique des divinités du panthéon judéo-chrétien ou grec. Bleckner a créé, à l'inverse, une image transcendantale dans la tradition de la pensée orientale, du bouddhisme et de l'hindouisme, avec leurs divinités joyeuses et ironiques.

Si on étudie les religions orientales, on peut retrouver une trace de ce type de pensée dans le travail de Bleckner. C'est une reminiscence du transcendantalisme ironique des écrivains de la période *beat* :

«Je reste assis chez moi pendant des jours
    à regarder les roses dans les cabinets
Quand je vais à Chinatown je me saoûle
    et ne me fais jamais sauter.

Je me suis fait à l'idée qu'il allait y avoir
des problèmes.
Vous auriez du me voir lire Marx.
Mon psychanalyste pense que je vais
très bien
J'ai des visions mystiques et éprouve des
vibrations cosmiques.
Amérique, je ne t'ai pas encore dit
ce que tu as fait à l'oncle Max
quand il est arrivé de Russie [2].»

Dans ce passage d'*America*, Allen Ginsberg propose une idée très proche de celle que Bleckner a élaborée dans ses travaux récents. Les deux derniers vers, où s'expriment simultanément les «visions mystiques» et la désillusion ironique, renvoient tout spécialement au contenu à la fois ironique et transcendantal de Bleckner. On trouve un état d'esprit similaire chez Ferlinghetti, Kerouac et Gregory Corso.

*

Mais pourquoi le transcendantalisme s'est-il constamment réaffirmé dans l'atmosphère laïque de l'après-guerre ? Pourquoi est-il un facteur si important pour l'art des années cinquante et pour un travail comme celui de Bleckner aujourd'hui ? Il est évident que la construction et l'utilisation de la bombe atomique à la fin de la Seconde Guerre mondiale puis celle de la bombe H au début des années cinquante, ont eu un effet déterminant sur les thèmes de l'expressionnisme abstrait et de la littérature *beat*. Quand il parle de son travail, Bleckner désigne lui aussi la terreur nucléaire comme le principal facteur qui lui a permis d'introduire un contenu transcendantal dans son travail aujourd'hui.

Ce phénomène historique qu'est l'armement nucléaire a joué de plusieurs façons sur le retour du transcendantalisme dans l'art. La force destructrice des armes nucléaires – leur pouvoir d'anéantir notre civilisation tout entière – rend caducs les élégants jeux syntaxiques des relativistes. De la même façon, l'armement nucléaire a transformé la relation des êtres humains avec l'absolu. Nous avons de bonnes raisons de penser qu'il nous est possible de rayer l'espèce humaine de la surface de la planète, que nous pouvons transcender notre existence par la destruction : nous avons apparemment acquis un pouvoir qui était attribué traditionnellement à des êtres surnaturels.

La puissance et la méthodologie même de la destruction nucléaire ont aussi renforcé l'idée que l'être humain peut pénétrer la structure *a priori* de l'univers, qu'il existe un code du savoir super-humain que l'on commence à peine à pénétrer. Tout porte à croire que, en concevant l'armement nucléaire, l'humanité a pénétré à la fois la structure de l'atome, constituant de base de la matière, et celle du soleil, source d'énergie vitale dans notre univers. L'armement nucléaire a renforcé l'hypothèse de base du point de vue transcendantal : la nature est structure et on peut, d'une façon ou d'une autre, connaître cette structure.

La peinture de Bleckner semble réaffirmer en grande partie ce point de vue transcendantal. Son incandescence vibratoire crée une analogie avec la base rythmique d'une nature connaissable. Simultanément, Bleckner est ému par des événements historiques plus sombres. Son travail est une réaction à l'échec du positivisme, à son dévoiement commercial d'après-guerre, et à la folie qu'il a finalement contribué à susciter – la terreur nucléaire. Son travail est une forme de questionnement, dans le sillage de cette Histoire troublée, et une prise de conscience, assez récente, dans la civilisation occidentale, que le savoir peut être doute et que le doute peut apporter la lumière, que la réalité de la désillusion peut elle aussi mener à la transcendance.

Publié pour la première fois dans *Arts Magazine,* (New York), vol. 56, nº 9, mai 1982.

Nature et culture

Il y a une dizaine d'années, on pensait qu'avoir du *soul* était un remède à l'aliénation de la conscience dans le monde industriel. Dans un univers bourgeois, répressif et mécanisé, disait-on, les gens avaient perdu vitalité, spontanéité et émotion. Donc, toute manifestation ayant du *soul*, de la spiritualité, pouvait aider l'humanité à retrouver son unité avec la nature, son «essence».

Aujourd'hui, cependant, cette façon de voir les choses a changé, tout au moins dans le monde de l'art. Des idées comme le *soul* et la spiritualité sont souvent considérées comme le moyen utilisé par la culture bourgeoise pour consolider sa position en niant son historicité. Dire d'une œuvre d'art qu'elle est spirituelle, c'est lui attribuer une valeur universelle et intemporelle. Cela suggère également que la société qui encourage et cautionne ces travaux est elle-même universelle et intemporelle.

Le changement radical et soudain de l'opinion elle-même appelle la réflexion. Il est le résultat du changement intellectuel qui s'est abattu comme un raz de marée sur le monde de l'art au cours de cette dernière décennie. La pratique artistique qui domine depuis la Seconde Guerre mondiale a été complètement balayée et remplacée par une autre.

De la Seconde Guerre mondiale à la fin de la dernière décennie, l'activité artistique était dominée par des idées issues de la phénoménologie, de l'existentialisme et du transcendantalisme jungien. L'après-guerre a attribué au modernisme un rôle avant-gardiste et héroïque, non pas dans un sens politique, mais dans la mesure où on pensait que l'art pouvait aider les hommes à retrouver leur essence perdue et libérer des potentialités jusqu'à présent cachées chez l'être humain.

Une histoire de l'art a été écrite autour de cette idée. Elle a confirmé la portée trans-historique du travail de «maîtres» appartenant à d'autres cultures ou à d'autres périodes historiques, non seulement pour valider un standard de valeurs formelles, mais parce que la qualité formelle elle-même était le signe qui donnait accès au caractère transcendantal de la conscience de chaque maître. On élabora aussi un canon pour les maîtres modernes. Matisse et Brancusi étaient admirés pour la magie de leurs gestes subjectifs, pour leur façon de personnifier la patience et la transcendance de l'artisan ; Mondrian était vénéré pour la pureté de son investigation phénoménologique ; Klee pour l'ingéniosité et la sincérité de sa quête visionnaire.

Parallèlement à cette recherche de l'harmonie et du spirituel dans l'art européen, on établit aussi un canon pour les primitifs à partir du modernisme européen. Cet intérêt pour le primitif reposait sur l'idée que les sociétés tribales sont la preuve que l'homme peut vivre en harmonie avec la nature.

Cette attitude devant le primitif apparaît tout d'abord dans l'expressionnisme abstrait, dans le sentiment de la terreur primitive chez Barnett Newman, dans l'influence des cultures américaines autochtones chez Still et Pollock.

On trouve ensuite chez Pollock l'idée que l'objet peut être remplacé par l'action en «temps réel», suggestion récupérée dix ans plus tard par toute une génération d'artistes que ce soit dans l'art conceptuel, la performance ou le *Process*, pour qui l'expérience tribale de «l'art en temps réel» était une clef pour annuler l'effet mortifiant de l'objet d'art bourgeois.

L'après-guerre fut aussi l'époque d'un art de la nature, une époque où l'artiste voulait renouer avec des absolus perdus ou cachés, que ce soit par la sérénité de la méditation, l'exploration de l'inconscient universel jungien, ou par des actes de réunification avec la terre elle-même.

C'est l'époque du paysage, celui qui établit l'imagerie de l'expressionnisme abstrait, puis des peintres de la *Color-Field* (Caro, Noland, Olitski, etc...) jusqu'à son apogée avec le *Land Art*, dont l'objectif est de restituer, littéralement, la conscience à sa mère originelle, la Terre.

Les manifestations qui, à première vue, contredisent cette interprétation, ne font que la confirmer si on les étudie attentivement. Le *Pop Art,* par exemple, qui aurait pu changer radicalement le cours de cette histoire, s'est finalement contenté de la tourner en dérision. A l'époque, les artistes du *Pop* étaient isolés, sans successeurs. Le *Pop Art* commence seulement aujourd'hui à influencer une autre génération d'artistes. Les efforts des artistes formalistes ont été eux aussi mal interprétés, à cause des besoins dominants du moment. En attribuant de la «présence» au travail d'artistes réellement formalistes comme Stella ou Judd, on le rendait transcendant. Mais beaucoup d'autres artistes, soi-disant formalistes, étaient en fait autant influencés par le mysticisme oriental que par les idées formalistes proprement dites.

Cette époque est entièrement dominée par les principes

philosophiques de la phénoménologie et de l'existentialisme. L'art est alors entièrement dévolu à la position de l'individu comme entité perceptive et décidante. Mais avant de réduire la production de cette époque, qui voit la fin de l'ère industrielle, à la volonté de préserver l'importance mythique de l'individu et celle d'une nature absolue sur laquelle celui-ci peut agir, il faut ne pas oublier que cette époque a été constituée et déterminée par un autre événement historique, un événement dont l'influence doit être appréhendée indépendamment de la lente évolution du capital.

Si on peut dire que l'art de cette époque énonce la relation entre l'homme et la nature, c'est peut-être parce que la Seconde Guerre mondiale est un événement qui a pu agir sur ceux qui l'avaient vécu comme phénomène naturel. Cet événement monstrueux, bien qu'évidemment provoqué par des forces sociales, fut considéré par une grande partie de la population mondiale comme un phénomène proche du fléau, le déluge ou l'incendie. La Seconde Guerre mondiale fut une «catastrophe naturelle» dans la mesure où elle a complètement détruit le réseau de signes qui constitue la civilisation occidentale. Elle a laissé un nombre incalculable d'individus dans une situation où ils étaient confrontés non plus aux codes inventés pour eux par leur société, mais au gouffre inattendu de l'«empire des signes».

Il suffit de regarder l'importance de l'existentialisme sartrien, qui défend le plus souvent les mêmes valeurs que l'expressionnisme abstrait, pour comprendre l'impact de la Seconde Guerre mondiale sur cette époque. Pour Sartre, comme pour les expressionnistes abstraits, la responsabilité, l'action, «l'engagement», et la volonté de trouver du sens et d'établir une morale, constituaient la base de leur problématique. Comme pour dire que dans ce monde sans code engendré par une guerre à une si grande échelle, un monde où les lois habituelles du marché et des classes – le fonctionnement normal de l'univers bourgeois – étaient en suspens, la philosophie et l'art ne pouvaient s'intéresser qu'à la marge de manœuvre et à la capacité de décision dont un individu, privé de son rôle social, disposait.

Dans ce cas, pourquoi, à la fin des années soixante-dix, cette approche à la fois transcendantaliste et phénoménologique, qui avait prévalu pendant trente ans, a-t-elle brusquement disparu pour être remplacée par une nouvelle pratique, prenant son répertoire d'images dans les mass media, rejetant la phénoménologie de la création artistique à cause de son côté prétentieux et mandarin et interprétant le langage comme une entité coupée de la réalité extra-humaine ? Pourquoi une nouvelle pratique a-t-elle émergé, substituant à l'étude phénoménologique une fascination pour la réalité politique et sociologique, rejetant à la fois le positivisme des sciences humaines et physiques, et remplaçant le culte de l'originalité par de multiples variations sur le thème de la répétition ?

Comment et pourquoi, vers 1980, un ensemble de textes français, vaguement considérés comme post-structuralistes ou structuralistes, où on trouve des oeuvres écrites dix ou vingt ans plus tôt par Roland Barthes, Michel Foucault, Jacques Derrida et Jean Baudrillard, a-t-il soudain trouvé grâce dans le climat intellectuel du monde de l'art, en influençant à la fois les artistes et les théoriciens, signant par là-même l'obsolescence de l'idée de nature dans ce monde de culture ?

Pour commencer, il est impossible de passer sous silence le fait que la génération d'artistes responsables de ce bouleversement est la première à être née après la guerre et que, vice versa, les figures significatives dont le travail était forgé par l'expérience de la guerre ont disparu progressivement. Par conséquent, les valeurs existentialistes de la génération de la Seconde Guerre mondiale se sont évanouies pendant que la nouvelle génération (en tout cas en Occident), qui n'avait jamais vécu cette situation où toutes les règles s'avèrent inapplicables, s'est précisément fixée sur les règles, c'est-à-dire sur le langage.

Cette interprétation pourrait suggérer que l'Europe, beaucoup plus touchée par la guerre que les Etats-Unis, en garderait plus longtemps les traces intellectuellement, alors que dix ans à peine après la fin de la guerre apparaissait déjà le mouvement structuraliste. Ceci ne fait peut-être que montrer quelle force intellectuelle prédominante était le marxisme en Europe pour que le structuralisme, qui en est proche, évolue si rapidement, si peu de temps après l'expérience de la guerre.

Ou peut-être, à moins de chercher une explication dans une théorie formaliste, qui ferait le lien entre l'évolution des tendances intellectuelles et le décalage inévitable dû à la traduction des textes fondamentaux, ou qui expliquerait les changements artistiques par l'entropie inhérente aux mouvements artistiques, on doit revenir à l'étude des facteurs socio-économiques qui subordonnent le changement culturel au développement de la société industrielle et capitaliste. De ce point de vue, le structuralisme et la nouvelle forme d'art montrent tous les deux le passage d'une société industrielle à une société post-industrielle ; d'une société de marché en expansion au marasme économique, où la richesse est plus redistribuée que créée ; d'une société où production, innovation, individualisme seraient mythifiés au nom de la créativité à une société mettant l'accent sur la manipulation de ce qui existe déjà, que les signes en soient économiques ou culturels. Il s'agit de la culture décrite par le structuralisme ou dont on peut dire aussi qu'elle crée le structuralisme. Les ferments de cette société post-industrielle existaient en Europe depuis la fin de la Seconde Guerre mondiale, dès la publication des premiers textes structuralistes. Aux Etats-Unis, ils ne sont apparus que ces dernières années, après le Viêt-Nam (qui freine les ambitions coloniales américaines) et les chocs pétroliers des années soixante-dix, qui ont effectivement mis fin à l'expansion économique américaine. Avec l'émergence de l'ère post-industrielle, une nouvelle pratique artistique structuraliste est apparue aux Etats-Unis.

L'avènement de l'ère post-industrielle semble aussi rendre obsolète le concept même de nature, suscitant une critique du règne de la nature dans l'art. Si la période industrielle représente le moment où la nature était considérée comme réelle, on peut aujourd'hui estimer que la société entre dans une ère où la culture bourgeoise renforce son lien avec la nature et poursuit le processus qui lui a permis d'imposer comme référent son mode de pensée et sa conscience. De plus en plus, l'importance des «autres» durant la période industrielle a été éliminée, la sauvagerie est jugulée par la loi, alors que les modes d'organisation sociale, tribaux ou folkloriques, ont été pratiquement assimilés (il ne reste plus que la question difficile de l'inconscient).

Baudrillard, en particulier, a défendu une historicisation de l'idée de nature. Il décrit le «triomphe de la nature» à l'époque industrielle comme un événement historique : «La Nature n'apparaît véritablement comme essence, dans toute sa gloire, que sous le signe du *principe de production*. Cette séparation en recoupe une autre : celle du *principe de signification*. Sous la découpe objective de la Science, de la Technique et de la Production, la Nature devient le grand Signifié, le grand Référent, elle se charge idéalement de «réalité», elle devient *la* Réalité... [1]»

La culture bourgeoise a de plus en plus souvent l'occasion de «simuler» (selon la terminologie de Baudrillard) les pouvoirs cruciaux qui appartenaient jadis à la nature –le pouvoir de la pensée, reproduit par l'ordinateur, qui «réalise» la dualité bourgeoise ; la capacité de créer la vie, chimiquement et mécaniquement ; la capacité de créer l'espace lui-même grâce aux circuits binaires de l'animation électronique. Ainsi, le cercle de la pensée bourgeoise se referme ; l'univers bourgeois ne peut plus se référer qu'à lui-même. Récemment, même le cœur humain, sans doute le plus naturel des objets dans l'ordre ancien, a été reconstitué selon les processus de pensée de la conscience bourgeoise.

La récente appropriation du vocabulaire de la nature et du modernisme d'après-guerre par la publicité montre l'étendue de ce changement, victoire du marché sur la nature. Que la bière, la lessive ou le maquillage soient maintenant qualifiés de «naturels» est significatif. Aujourd'hui, l'appellation «*Nature Valley*» désigne des céréales pour le petit déjeuner ; des cigarettes reçoivent des qualificatifs aussi transcendantaux que «Vraie», «Légère» et «Nouvelle»...

Pourtant la pratique artistique structuraliste la plus récente soulève un certain nombre de questions troublantes. D'abord, comment les artistes peuvent-il s'adresser au monde du simulacre ? Si l'ère post-industrielle est caractérisée par des signes qui simulent plus qu'ils ne représentent, comment un artiste peut-il rendre cette situation ? Est-il possible de représenter une simulation ? Dans la négative, c'est à l'artiste de s'investir dans la pratique de la simulation. Ce qui crée alors une situation problématique. On peut considérer que la pratique de la simulation par l'artiste est une acceptation de la culture du simulacre. Et on se demande si cette appropriation est souhaitable, si, comme les critiques marxistes le pensent, la culture post-industrielle constitue une étape supplémentaire dans l'aliénation sociale ? Certains artistes, engagés dans une pratique structuraliste sérieuse, sont apparemment sur le point de répondre à cette question. Mais comme l'a montré Hal Foster, les artistes néo-expressionnistes cautionnent clairement les nouvelles conditions sociales en simulant la notion moderniste de chef-d'œuvre [2].

Frederic Jameson a fait remarquer que l'analyse culturelle est aujourd'hui dominée par deux tendances différentes. Il y a d'une part la théorie du simulacre selon Baudrillard. Nous trouvons, de l'autre, l'œuvre de Michel Foucault qui considère la culture contemporaine non comme une surface miroitante de signes autonomes, mais comme le lieu où les techniques de surveillance, de normalisation et de catégorisation ont un pouvoir toujours plus grand sur la vie sociale [3]. Là où Baudrillard voit des signifiants autonomes, Foucault discerne, derrière les différents signifiants de la société contemporaine, le signifié voilé du pouvoir à travers la consolidation de la position de classe. On se demande pourquoi les artistes et les théoriciens de l'art sont aujourd'hui si exclusivement attirés par l'interprétation des relations sociales de Baudrillard, plutôt que celle de Foucault. On se demande si le monde brillant de surface de Baudrillard n'est pas plus séduisant que la froide répartition des espaces disciplinaires de Michel Foucault. Et on se demande si l'artiste et le public, séduits par ce monde miroitant, n'ont pas été détournés d'une analyse sérieuse des problèmes fondamentaux de la structure sociale.

Finalement on se détourne à contre-cœur de la promesse du post-structuralisme – sa capacité à balayer les mythologies de tant d'humanismes décevants – au profit d'une prise en compte des résultats négatifs qu'il peut engendrer. Car le structuralisme, que ce soit celui de Barthes, de Foucault ou de Baudrillard, ne peut être séparé de certains contresens qu'il engendre naturellement. Mal interpréter le structuralisme, c'est parvenir à une seule réalité, la réalité du pouvoir, non pas le pouvoir d'une classe sur une autre, mais le seul et unique pouvoir de comprendre et de manipuler les codes.

On voit souvent à la télévision une publicité pour une compagnie d'investissements qui avertit le téléspectateur que «certains investissements exigent de la discipline, d'autres du courage». Cette publicité demande clairement à l'«investisseur» potentiel d'être sur le pied de guerre. Ici, comme dans tellement de secteurs de la société contemporaine – y compris sans doute le monde de l'art actuel – , la manipulation remarquable des codes pour s'imposer dans l'échelle sociale est traitée comme s'il s'agissait d'une question de vie ou de mort. Le fait de reconnaître uniquement l'existence du langage a ainsi fâcheusement limité la portée des actions conçues pour faire sens.

L'image finale que suscite ces réflexions est l'image de la destruction. On pense alors à la Seconde Guerre mondiale, cette «catastrophe naturelle» provoquée par les acteurs sociaux, et on frémit en imaginant quel torrent de destruction pourraient involontairement provoquer les habitants de notre propre empire de signes si, dans leur lutte pour dominer les codes, ils libéraient des forces que personne ne peut contrôler.

Publié pour la première fois dans *Arts Magazine,* (New York), vol. 58, n° 1, septembre 1983.

La crise de la géométrie

Là où autrefois la géométrie était un signe de stabilité, d'ordre et de proportion, il n'y a plus aujourd'hui qu'étalage de signifiés fluctuants, qu'images d'enfermement et de dissuasion.

Le projet formaliste en géométrie est discrédité. Il ne semble plus possible d'explorer la forme pour la forme (dans le domaine géométrique), comme cela pouvait l'être pour les constructivistes et les néo-plasticiens, ni de vider la forme géométrique de sa fonction signifiante, comme l'ont proposé les minimalistes. D'une certaine façon, la viabilité de ces idées formalistes s'est simplement atrophiée avec le temps. Elles ont aussi été déformées pour se conformer à l'idéal académique bourgeois auquel se sont référées des générations de classiques géométriques.

Mais la crise que traverse depuis deux décennies l'art géométrique est comparable à celle de tous les formalismes depuis l'après-guerre ; celles qui ont précipité la transition du formalisme littéraire au structuralisme, et du structuralisme aux relectures post-structuralistes que l'on peut trouver dans les œuvres de personnalités comme Barthes [1] et Foucault [2].

Car à l'instar de ces crises, la crise de la géométrie est celle du signifié. Il ne semble plus possible d'accepter la forme géométrique comme un ordre transcendantal, comme un signifiant autonome, ni la *Gestalt* comme base de la perception visuelle (comme chez Arnheim). On est bien plutôt entraîné dans une quête structuraliste des signifiés cachés que peut revêtir le signe géométrique. Telles sont alors les questions soulevées : quelle mission remplit le signe géométrique dans notre culture ? Pourquoi la société moderne est-elle obsédée par la forme géométrique au point que nous nous soyons efforcés au cours des deux derniers siècles de construire et de vivre dans des environnements géométriques toujours plus complexes et exclusifs ? Pourquoi l'art géométrique a-t-il été si largement accepté par notre siècle, et pourquoi son imagerie a-t-elle pris une si grande importance dans l'iconographie publique ?

Pour répondre à ces questions, il faut examiner la sociologie de la géométrie durant l'ère moderne, littéralement une sociologie du formalisme. La géométrie sera ici étudiée en fonction de son rôle dans l'histoire culturelle, et non comme idéal *a priori* du processus mental.

Cet essai sera axé sur l'analyse de deux textes pertinents sur ces questions, textes qui ont tous les deux influencé la production de l'art géométrique, et qui pourront être utiles au décodage des travaux géométriques produits lors de ces années de «crise». Il s'agit de *Surveiller et Punir* de Michel Foucault [3] et de *Simulacres et simulation* de Jean Baudrillard [4]. L'ouvrage de Foucault est d'une grande pertinence pour l'art géométrique produit pendant les années soixante-dix, alors que le texte de Baudrillard, qui se refère souvent à celui de Foucault, est fondamental si on veut comprendre l'art géométrique de cette décennie.

Surveiller et Punir démontre les grandes ordonnances

géométriques de la société industrielle. Le déploiement omniprésent de structures géométriques dans les villes, les usines et les écoles, dans le logement, les transports et les hôpitaux, est montré comme un mécanisme qui permet de canaliser, de mesurer et de normaliser l'action et le mouvement (et tout comportement), et comme un moyen de contrôler la population grandissante de l'ère industrielle naissante, et de maximiser sa productivité.

Foucault décrit comment ce processus s'est mis en place dans le déploiement du géométrique. L'espace a été géométriquement différencié et cloisonné. Des couloirs de circulation, les lignes droites omniprésentes du paysage industriel, ont été créés pour faciliter un mouvement ordonné. Le panoptisme associé à la sérialité est apparu comme le principe fondamental grâce auquel les corps et les lieux pouvaient être le plus efficacement surveillés et contrôlés dans des lieux clefs comme la prison, l'hôpital, l'usine et l'école.

En outre, cette géométrisation du social fut étendue de l'environnement physique jusqu'aux schémas d'organisation. Le cadran, la carte et le graphique, permettant de mesurer et de classer par catégories les corps et leurs mouvements, sont alors apparus comme techniques omniprésentes de l'ordre industriel.

Les artistes du XXe siècle ont souvent voulu légitimer leur utilisation de la géométrie en prenant comme référence des sources antiques et religieuses. Ironiquement, ces sources sont justement celles que désigne Foucault comme véritables modèles des schémas géométriques d'enfermement et de surveillance générés par la société industrielle.

Premièrement, la Rome antique offrait au capitalisme naissant non seulement un modèle de gouvernement républicain comme on le dit souvent, mais aussi un modèle de discipline idéale, basée sur la technologie militaire romaine. Deuxièmement, à la naissance de l'ordre industriel, l'organisation de la vie monastique traditionnelle, avec son contrôle rigide du temps et de l'activité, fut soudainement adoptée par le corps social dans son ensemble.

On trouve là une analyse qui permet de réinterpréter l'obsession moderne pour la géométrie (une obsession que tous ceux qui vivent dans la société industrielle peuvent vérifier en sortant jeter un coup d'œil dans la rue). Mais, cette réinterprétation change radicalement notre appréhension du mysticisme géométrique de Mondrian, Malevitch, Rothko et Newman, et remet en question ce présupposé curieux qui consiste à croire en la neutralité de la géométrie, et dont se réclamaient le minimalisme et le formalisme des années soixante.

A partir de cette analyse, on peut en fait voir dans le travail de ces transcendantalistes géométriques un mécanisme classicisant où l'objet même du malaise, la géométrie, est transformé en objet d'adulation. On peut de la même façon considérer la revendication formaliste d'une neutralité de la géométrie comme une tentative pour normaliser et accepter comme telle l'omniprésence de ces signes géométriques.

Cette critique de Foucault pourra également servir de base à la réinterprétation de l'art géométrique des deux dernières décennies. On peut déjà considérer le minimalisme comme le début de la crise de la géométrie. Le minimalisme prétendait avoir atteint la neutralité intellectuelle, la clarté cartésienne et même l'intégrité marxiste. Mais malgré les imperfections de ce discours, l'objet minimaliste lui-même peut être lié à la critique de Foucault, même si les intentions de ses créateurs étaient d'un autre ordre. Le minimalisme a d'abord rattaché idéologiquement la géométrie à la production matérielle de l'industrie contemporaine en utilisant des matériaux et des déchets industriels sans les revendiquer (comme le fit le Bauhaus). Le minimalisme a également abandonné l'idée de la Renaissance sur la composition au profit d'une organisation conforme aux principes de sérialité (voir les œuvres de Stella et de Judd) et de centralité (comme les agencements panoptiques de Noland et Irwin) qui sont propres à la géométrie industrielle.

Le meilleur du post-minimalisme a porté cette critique à un niveau plus conscient. Dans les *Earthworks* de Robert Smithson, par exemple, il y a une confrontation entre la géométrie idéaliste et les géométries réelles du paysage industriel. Les figures géométriques, emblématiques de la tradition idéaliste (les cercles, les spirales...), s'inscrivaient presque arbitrairement dans le paysage industriel ravagé, attirant l'attention sur le violent contraste entre les deux.

De façon beaucoup plus catégorique, les deux essais *«A Tour of the Monument of Passaic, N.J.»* et *«What is a Museum»* ?, où des photographies d'architecture et d'intérieurs modernes et idéalistes sont juxtaposées à des images d'usines et autres sites industriels, ridiculisent l'utilisation d'un art géométrique idéal en tant que support idéologique de l'organisation sociale géométrique contemporaine [5].

Les derniers dessins de Smithson représentent des environnements insulaires infernaux, hérissés de fortifications, jonchés d'instruments de mort, brûlants et fumants, la plupart du temps de simples formes géométriques comme des cônes, des cylindres et des cubes. C'est dans ces travaux que Smithson s'approche le plus d'une vraie critique à la Foucault : les monuments géométriques de la tradition des lumières deviennent ici des instruments de l'enfermement et de la torture sado-masochistes.

Le travail de Richard Serra, à la fin des années soixante, utilise lui aussi la géométrie comme menace. Dans *Corner Prop*, un cube de plomb, à la fois polygone cartésien et produit industriel, est suspendu de façon précaire au-dessus de la tête du spectateur. Mais tout en suggérant l'anxiété et la menace les plus immédiates, inhérentes à certaines caractéristiques de la forme géométrique, les pièces de Serra n'en sont pas moins ambiguës, dans la mesure où elles (ou il) insistent sur leur «matérialité». Cette affirmation constante de la matérialité renforce l'idée que ces formes et ces procédés représentent une réalité immuable et transcendante.

Les pièces d'Alice Aycock, de façon caractéristique, contiennent toutes sortes d'espaces impénétrables et de chemins inutiles décrivant une sorte d'impasse du géométrique. L'introduction, à la fin des années soixante-dix, de figures géométriques tortueuses et absurdes met encore davantage l'accent sur la séparation entre le géométrique et son rapport avec la raison. De façon très significative, son travail, qui suggérait en permanence des signifiés architecturaux et narratifs, rejetait l'idée que la forme géométrique puisse fonctionner comme signifiant autonome. Enfin, en insistant continuellement sur le lien entre ses constructions et ses propres programmes idéologiques imaginaires, Aycock attire l'attention sur la présence de l'idéologie dans le géométrique, partout où il apparaît.

A la fin des années soixante-dix, un certain nombre d'artistes avait commencé à travailler sur les questions soulevées par *Surveiller et Punir*, traduit en anglais en 1977.

Le travail de Robert Morris illustre bien le processus. Pendant les années soixante-dix, Morris a, semble-t-il, reconsidéré la signification implicite d'œuvres comme

Untitled, de 1967, où un compartimentage métallique crée une succession de couloirs et d'espaces sans issue. Exécuté dans le courant de la pensée formaliste et phénoménologique, ce travail se rapproche néanmoins énormément des structures cloisonnées utilisées pour les hôpitaux et les bureaux, surtout quand ils sont vus du dessus (d'un point de vue panoptique).

La photographie de Morris pour l'affiche d'une exposition en 1974, où on le voit en tenue sado-maso en règle, avec chaînes, collier et casque allemand, est à la fois une réponse aux dessins de Smithson évoqués plus haut et l'annonce de sa prise de conscience des relations de pouvoir et même de violence implicites dans sa propre production.

En 1978, dans sa série de dessins, *In the Realm of the Carceral*, Morris réagissait directement aux idées développées dans *Surveiller et Punir*. Dans ces dessins, une ligne précieuse et mécanique sert à dépeindre un environnement dénaturé où l'enfermement est total, la discipline implacable. (Depuis cette date, alors qu'il prête à la forme des signifiés toujours plus complexes, le travail de Morris s'est résolument rallié aux ambitions métaphoriques du libéralisme.)

C'est également à la fin des années soixante-dix que l'architecte Bernard Tschumi a commencé une série de dessins, *The Manhattan Transcripts*, explorant les thèmes de Foucault. Le but de ces dessins, est de dépister toutes les difficultés du mouvement humain dans la typographie architecturale de New York. Les dessins de Tschumi mettent en évidence l'omniprésence de la grille à la fois en section et en plan, et la relation entre une activité humaine enrégimentée, comme le sport par exemple, et la structure quadrillée de la ville industrielle. Dans ce dessin, le mouvement humain le plus précisément contrôlé (le match de football) est transformé en diagramme géométrique qui, à son tour, devient une forme tridimensionnelle sortant du plan. Ces transformations mettent en parallèle la façon dont le mouvement humain réel est limité dans le domaine industriel, où le mouvement est constamment canalisé à partir des rues ou des couloirs, vers les appartements, les bureaux ou les zones où on ne peut entrer et sortir qu'à des heures et à des vitesses réglementaires.

L'installation de Lauren Ewing, *Auto Plastique : The Prison*, montre à quel point les idées sur la géométrie ont changé depuis la position abstraite du minimalisme. Ewing conserve le vocabulaire formel du minimalisme – ses structures géométriques simples, ses techniques de constructions industrielles et son programme d'interaction spatiale avec le spectateur – mais ici le vocabulaire minimaliste est cependant aménagé pour établir un constat explicitement foucaldien.

L'installation de Ewing définit les conditions de l'espace panoptique telles que Foucault les décrit dans le domaine carcéral : «Par l'effet du contre-jour, on peut saisir de la tour, se découpant exactement sur la lumière, les petites silhouettes captives dans les cellules de la périphérie. Autant de cages, autant de petits théâtres, où chaque acteur est seul, parfaitement individualisé et constamment visible [6].» Dans la tour, au contraire, la pénombre créée par l'épaisseur des murs fait que le gardien n'est plus visible.

Cette disposition permet d'indiquer une transformation du social, dont la signification va bien au-delà de l'exemple spécifique de la prison : «La foule, masse compacte, lieu d'échanges multiples, individualités qui se fondent, effet collectif, est abolie au profit d'une collection d'individualités séparées. Du point de vue du gardien, elle est remplacée par une multiplicité dénombrable et contrôlable ; du point de vue des détenus, par une solitude séquestrée et regardée [7].»

Ewing a ajouté à son analyse de cette situation, une invention de son cru, «l'orateur parfait», un mur à angle droit derrière lequel on peut parler dans un haut-parleur, une réponse à la situation panoptique, sans voir ni être vu. Cet orateur peut être considéré comme paradigme de l'individualisme, comme position contestataire parfaitement détachée. Mais la position de l'orateur remonte aussi à une étape beaucoup plus ancienne dans l'histoire des prisons, le donjon où le prisonnier est caché plus qu'observé, d'où le prisonnier crie sans être entendu de son geôlier.

Depuis 1980, une nouvelle génération de travaux géométriques est apparue, qui doivent moins aux textes de Foucault qu'à ceux de Baudrillard. Cette génération d'artistes ne se réclame plus de l'expérience industrielle (voir l'insistance de Serra sur son travail préparatoire en aciérie, ou l'utilisation de bois de charpente chez Aycock). Ce groupe d'artistes est bien plutôt le produit d'un environnement post-industriel où l'expérience n'est plus celle de l'usine, mais celle des subdivisions, plus celle de la production, mais celle de la consommation.

Ces artistes décrivent un environnement où le système panoptique ne fonctionne plus, où, pour reprendre les termes de Baudrillard, «la distinction de la cause et de l'effet, de l'actif et du passif, du sujet et de l'objet» n'existe plus [8]. C'est un environnement où l'enfermement selon Foucault a été transformé en dissuasion selon Baudrillard, où la géométrie *hard* de l'hôpital, de la prison et de l'usine, laisse place aux géométries *soft* des réseaux autoroutiers, des ordinateurs et des jeux électroniques [9].

De plus, cette génération n'attribue plus à l'art le rôle d'expérience privilégiée, comme Serra a pu le faire, par exemple, en affirmant que l'art pouvait transformer la société. L'art géométrique des années quatre-vingt ridiculise les mécanismes de cette attitude. Pour ces artistes, il ne peut y avoir qu'un simulacre, avec la «récurrence orbitale des modèles» (la nostalgie) et la «génération simulée de la différence» (les styles).

L'un des premiers artistes à exprimer ce point de vue est R.M. Fischer. La sculpture de Fischer joue sur l'idée de lampes et de meubles, illustrant ainsi sa propre désillusion envers l'idée de l'art comme objet privilégié, coupé des réalités du commerce et de l'idéologie. Il y a quelques années, Fischer recherchait toutes les occasions d'exposer dans les vitrines de grands magasins ou des boutiques à la mode comme Fiorucci, plaçant ainsi son travail – qui lui-même traite de la façon dont on signifie le style – au beau milieu du contexte de la mode et du commerce, à son niveau le plus sophistiqué, et donc rejetant l'illusion de neutralité entretenue par l'atmosphère de la galerie [10].

Les sculptures elles-mêmes participent de cette critique. Elles prennent la forme soit de lampes (compromis de sculpture domestique), soit de fontaines (compromis de sculpture publique). A l'intérieur de ces signes, elles réunissent et aménagent tant de signes contradictoires que la fonction signifiante elle-même devient circulaire et s'annule. Dans *Half Past Ten*, une sculpture-fontaine de 1982, l'eau coule d'une boîte métallique rectangulaire (qui représente peut-être une boîte à fusible ou même, comme la source de lumière est cachée, une boîte à fusible futuriste), à travers un tube métallique (qui représente une conduite de gaz et donc, une fois de plus, l'industrie, à travers un cylindre de verre translucide, décoré d'un motif ressemblant à des coulures de cire de bougie (qui représente le kitsch, les intérieurs privés, la banlieue), puis dans un ustensile de cuisine en acier inoxydable (qui représente le travail, l'absence de décoration signifiante). Sont ajoutés à cela deux bras faits d'éléments de luminaires, enrichissant encore ce mélange de signifiants et transformant le signe-fontaine en signe-pendule. Fischer démontre ainsi le degré de complexité atteint par le signe géométrique contemporain.

Dans ces sculptures, le signe emprunte une circularité, que Baudrillard décrit comme caractéristique de la société contemporaine : «Alors tout le système passe en apesanteur, il n'est plus lui-même qu'un gigantesque simulacre – non pas irréel, mais simulacre, c'est-à-dire ne s'échangeant plus jamais contre du réel, mais s'échangeant en lui-même, dans un circuit ininterrompu dont ni la référence ni la circonférence ne sont nulle part.»

Le travail de Jeff Koons traite lui aussi de l'état des choses à l'intérieur de ce simulacre. Le travail de Koons, *New Wet / Dry Triple Decker*, par exemple, prend pour modèle certaines caractéristiques du minimalisme, jouant ainsi sur la nostalgie du style, sur la circularité des signes définissant le simulacre. Mais dans le travail de Koons, les signifiés du minimalisme, orientés vers la production (l'acier, les peintures industrielles, etc.) sont remplacés par des éléments (les appareils ménagers, les boîtes de plexiglass apparentées à des vitrines d'exposition) attirant l'attention sur la consommation. Alors que le minimalisme cherchait à révéler la structure, Koons expose des appareils dont les mécanismes sont cachés derrière des surfaces lisses en plastique ou en émail.

A l'intérieur de ces «vitrines d'exposition», Koons a créé un environnement répondant presque parfaitement à l'idée d'ordre et de propreté. Les aspirateurs eux-mêmes sont «nickel», et chaque surface de plexiglass est parfaitement nettoyée et polie. Il n'y a aucune traces de doigts, de poussière, ou autre signe d'utilisation. Les pièces de Koons excercent sur le spectateur un effet identique à celui, décrit par Baudrillard, des missions spatiales sur le grand public. Koons, comme la NASA, a créé un «univers expurgé de toute menace de sens, en état d'asepsie et d'apesanteur», un univers de «fascination par la norme maximale et la maîtrise de la probabilité», alors que dans l'organisation sociale contemporaine, «rien ne peut être laissé au hasard».

La vision de ce travail est une expérience intense du simulacre. Les aspirateurs ne semblent pas réels mais «hyperréels» . Ils sont totalement «nickel» (le hasard du réel n'a pas prise sur eux) ; ils sont présentés en série (sans l'original), et font partie d'un univers «étrangement ressemblant à l'original», où «les choses sont dupliquées par leur propre scénario».

Mon propre travail, depuis cinq ans, met l'accent sur le rôle du modèle à l'intérieur du simulacre. Baudrillard constate que «la simulation se caractérise par une *précession du modèle*, de tous les modèles sur le moindre fait». Le simulacre est un lieu où «le réel se confond avec le modèle» ; c'est un «univers total de la norme», un «espace digital», un «champ lumineux du code» . Dans mon travail, l'espace est justement considéré comme un champ digital où sont localisées des «cellules» en imitation stuc d'où irradient des «conduits». Cet espace ressemble à l'espace simulé du jeu vidéo, du microprocesseur et de la tour de bureaux, un espace qui n'est pas une réalité spécifique, mais plutôt un modèle de l'«espace cellulaire» sur lequel s'établit «l'échange social "cybernétisé", qui irradie le corps social de ses circuits opérationnels». Se définit alors un système où les bâtiments ressemblent aux «colonnes d'un graphique statistique», un système dont la représentation «s'est déplacée de la pyramide à la carte perforée».

En outre, mes peintures font appel à différentes techniques empruntées aux styles *Hard-Edge* et *Color-Field*. Car avec la simulation, «nous n'avons plus droit qu'au rétro, à la nostalgie, réhabilitation fantomatique, parodique de tous les référentiels perdus». Pour moi, les styles, utilisés comme référence à une certaine idée de l'abstraction et à une idéologie du progrès technique, remplacent la référence au réel.

Mais c'est dans les récents travaux de Sherrie Levine que cette fascination du simulacre pour la nostalgie est la mieux rendue. Dans ses aquarelles récentes, Levine a systématiquement épuisé, une à une, les images reconnues du modernisme au XXe siècle. Dans des travaux tels que *After Stuart Davis*, la géométrie moderniste est vidée de tout contenu autre que celui de sa propre nostalgie.

Comme le contenu est nié, l'acte productif est purifié. Levine a produit des œuvres géométriques où la géométrie a à nouveau été débarrassée de tout signifiant, comme à l'époque du formalisme. Dans le travail de Levine, on voit la production entrer dans une phase de «reduplication esthétique... quand, évacuant tout contenu et toute finalité, elle trouve le moyen de devenir abstraite et non figurative». Le travail de Levine «exprime alors la forme pure de la production ; il assume, en tant qu'art, la valeur d'une finalité sans objectif».

Dans quelle mesure ce travail, utilisant la forme géométrique, garde-t-il son importance comparé à celui, idéologique, des artistes qui décodent les images de la publicité, de la télévision et du cinéma ? Si une analyse des thèmes inhérents aux mass media est sans nulle doute significative, une exploration idéologique de la géométrie pourra l'être encore plus, car malgré la profusion des images de médias dans la culture contemporaine, les signes géométriques restent les plus ambigus et les plus importants de notre société. Nous sommes presque à chaque instant confrontés à des signes géométriques innombrables, même dans les environnements libres de tout signe.

De plus, s'il faut toujours croire en la distinction entre le capital et le travail, le dirigeant et l'ouvrier, on remarquera que si les signes des médias s'adressent au départ à la masse, au consommateur et au travailleur, ce sont les signes géométriques de l'art, de l'architecture et des analyses statistiques, que se réservent les classes dirigeantes pour communiquer entre elles. Utiliser cette idéologie est davantage pour l'artiste un acte d'autocritique qu'une forme de condescendance.

Enfin, il y a de nombreux artistes aujourd'hui qui ignorent à la fois la critique de la géométrie et des médias, et qui semblent convaincus que grâce à l'intuition, au subconscient et aux techniques traditionnelles de la peinture à l'huile, ils pourront réintroduire la «vie» dans cet univers sans vie. Baudrillard décrit cet effort désespéré : «Surenchère des mythes d'origine et des signes de la réalité. Surenchère de vérité, d'objectivité et d'authenticités secondes. Escalade du vrai, du vécu, résurrection du figuratif là où l'objet et la substance ont disparu.»

Ces artistes, et les œuvres qu'ils produisent, ignorent la complexité des changements qui sont intervenus dans le champ du social. Et ils oublient le prix de ce retour romantique qu'ils préconisent et que Baudrillard énonce là aussi : «Si nous commençons à rêver à nouveau, surtout aujourd'hui, d'un monde de signes sûrs, d'un "ordre symbolique" fort, ne nous méprenons pas : cet ordre a existé et c'était celui d'une hiérarchie féroce, car, chez les signes transparence et cruauté vont de pair.»

Publié pour la première fois dans *Arts Magazine*, (New York), vol. 58, nº 10, juin / été 1984.

Après l'art

La mort de Dieu a entraîné celle de l'art. L'art s'est constitué à partir du même ordre symbolique dont l'idée de Dieu est issue, ordre qui a commencé à mourir avec la Renaissance. Jusqu'à la Renaissance, l'art avait servi à relier la matière d'ici bas au sens caché et à l'unité du cosmos. L'art avait permis à l'homme de s'approcher de l'infini. C'était une technique qui donnait à l'homme mortel la possibilité d'établir une relation symbolique avec l'univers éternel. De cette façon, l'art maîtrisait la mort ; il avait vaincu le vide, en lui conférant un sens.

La mort de Dieu correspond à la naissance du capital. L'ordre symbolique a commencé à s'atrophier ; il a été remplacé par la loi du surplus, de la raison et de l'Histoire. Mais Dieu ne s'est pas contenté de mourir, comme l'avait décrété le modernisme.

Au lieu de cela, Dieu est entré dans une agonie interminable qui se poursuit encore de nos jours. Avant, Dieu était la condition nécessaire de la pensée. Après, Dieu est devenu une voix possible dans un concert polyphonique de sens et de non sens. De plus, l'ordre moderne – celui du capital, du marché et de l'Etat – a découvert qu'on pouvait conférer à l'idée de Dieu de nouveaux rôles. D'une part, l'idée de Dieu corrobore l'unité phallocentrique de l'idéalisme bourgeois. D'autre part, elle alimente les tentatives de retour au transcendantal, faites périodiquement par les unitariens, les rosicruciens et les jungiens.

L'art est dans la même situation : toujours mourant, jamais mort, ressuscité par les pré-raphaélites, les post-impressionnistes, les expressionnistes abstraits et les post-minimalistes, sans mentionner les historiens d'art et les aquarellistes. Mais la magie n'opère plus.

Fac-similés et transgression

Alors après l'art, après Dieu ? Un paysage de mort, un paysage privé de sens. Qu'est-ce qui pourrait jouer ce rôle, jadis assuré par l'art, de vainqueur de la mort, de phare au sein du vide ? Après l'art, deux approches ont vu le jour.

Quitte à surprendre, nous oserons proposer une structure bipartite après Greenberg : nous voyons une scission entre la pratique populaire et la pratique avant-gardiste. Depuis la Renaissance, mais de façon plus dramatique encore depuis une centaine d'années, la culture moderne a tenté d'appliquer deux solutions (alors que l'art n'en finissait pas de mourir...) pour combler le vide que l'art illuminait autrefois : premièrement, les fac-similés de vie éternelle fournis par la culture populaire ; deuxièmement, la transgression utilisée par l'avant-garde, pour créer une étincelle de vie dans un univers sans vie.

Il y a, dans la culture de masse, une image figée de la vie éternelle. N'ayant pas de place dans l'univers symbolique, la culture populaire s'est efforcée de créer des images de la vie triomphant sur le temps, de représenter l'arrêt des processus implacables de mort et de déclin, en bref, de créer un simulacre d'éternité vivante. Ce projet commence à la Renaissance avec la perspective, le portrait et le monument funéraire. Il s'intensifie au XIXe siècle avec l'avènement du réalisme. Au cours des cent dernières années, les progrès technologiques ont foisonné : d'abord la photographie, puis le phonographe, le cinéma, la photographie couleur et ensuite, peut-être, les hologrammes. Grâce à ces technologies, les images des morts ne meurent plus – on en conserve la netteté, la vivacité des couleurs et le mouvement. Dans les images produites par ces machines, la jeunesse éphémère ne vieillit plus. Le temps y est figé sur un plan bidimensionnel.

Dans un monde d'après Dieu, d'après l'art, «Walt Disney attend sa résurrection par moins 180 degrés centigrades» (Baudrillard). Car entre temps, il a enregistré des centaines de messages sur cassettes vidéo afin qu'on les projette aux réunions annuelles de son conseil d'administration pendant cette période d'«arrêt momentané de ses fonctions vitales».

A la télévision, Steve Allen monte un spectacle où des acteurs, interprétant le rôle de «personnages historiques» de différentes époques, discutent actualité ou philosophie. Le temps est aboli. Les morts de tous les temps se rencontrent. Les ancêtres peuvent vivre pour nous parler.

Les enregistrements phonographiques sont ainsi nommés parce qu'ils enregistrent cette activité humaine la plus précaire, la production de sons. Dans les années soixante, ces enregistrements sont soudain devenus la forme artistique la plus populaire. La promesse d'immortalité que l'enregistrement offrait était si directe que les plus grandes stars de l'époque ont semblé vouloir précipiter la fin de leur existence réelle pour commencer leur vie éternelle exclusivement sur disque.

Qui est la vraie Greta Garbo ? L'image de celluloïd des années trente qu'on voit sur grand écran ou cette vieille femme qui vit à New York ?

On pense à Andy Warhol : «Un de ces jours vous êtes capables d'aller à une soirée et de vous retrouver seul.»

On parvient à ces effets non seulement dans la vie, mais aussi dans les moyens d'enregistrement. Nous assistons à un événement sportif : un match de football ou de base-ball. Les athlètes apparaissent, jeunes, bien proportionnés, en bonne condition physique, dans des uniformes qui mettent tout cela en valeur. Des dieux grecs. Mais ce qui est plus important encore que la santé et la vigueur des hommes eux-mêmes, c'est la façon de les présenter. Ils sont cadrés sur fond d'immensités incroyablement vertes (la plupart du temps une pelouse synthétique), un signe, hyperréel, par la couleur, de la vie elle-même – et un moyen efficace de mettre en valeur la peau bronzée et saine des athlètes (selon le principe de contraste simultané des couleurs). Mais l'élément le plus puissant dans cette situation est l'éclairage rayonnant, blanc, sans aucune ombre, sans aucun mouvement, diffusé par les centaines de lampes qui entourent le stade (l'attrait de cette lumière, qui est aussi utilisée dans les productions télévisées, explique la popularité sans cesse croissante des événements sportifs nocturnes ou en stades couverts). Jadis, les événements sportifs se déroulaient à la lumière changeante du soleil. Mais aujourd'hui, «sous les spots», pendant deux heures ou plus, le temps s'arrête pour ces demi-dieux à la fleur de l'âge. Le soleil ne parcourt plus le ciel. La mort est bannie par cette lumière hors du temps, immobile et sans ombre, qui illumine ces corps parfaits.

Dans ce grand spectacle de l'obsession de la mort, et peut-être en réaction, l'avant-garde a suivi une autre piste : la transgression. Ne considérant aucune réalité en dehors des codes, l'avant-garde n'a vu dans la mort qu'une invention du langage. L'avant-garde a pensé que pour revitaliser les codes, il fallait transgresser leurs mécanismes ; que cette transgression offrait un moment de vie dans le paysage de mort de l'univers post-symbolique. De Courbet à la Seconde Guerre mondiale, tel était le paradigme de l'activité avant-gardiste, cette recherche du moment de vie malgré l'omniprésence de la mort.

Après après l'art – La fascination et la mort de l'avant-garde

Après l'art, la culture de la transgression et du fac-similé. Alors que la culture du fac-similé demeure, la transgression et l'avant-garde disparaissent rapidement ou plutôt se transforment. C'est la crise que connaît l'avant-garde actuellement. Aujourd'hui la transgression essaie de s'imiter elle-même ; mais le moment de vie créé par la transgression est finalement remplacé par le regard stupéfié de la fascination.

Ce changement est intervenu après la Seconde Guerre mondiale. Soudain, on voit Picasso, le grand maître de la transgression, transformé en icône photo-journalistique, en idole photographique de la culture de la vie simulée. Son âge ajoutait encore à ses qualités photogéniques ; son image était une représentation de jeunesse figée, aussi forte que celle des jeunes et beaux acteurs ou actrices. (Il faut pourtant examiner ses derniers travaux à partir de sa propre position sur les questions de simulation et de nostalgie.)

Au même moment, les artistes d'après-guerre perdaient le pouvoir de s'engager spontanément dans des actes de transgression. Selon le livre récent de Serge Guilbaut sur l'expressionnisme abstrait, *Comment New York vola l'idée d'art moderne,* les expressionnistes abstraits et leurs partisans ont sciemment créé l'impression d'une activité d'avant-garde en écrivant des lettres de protestation, en organisant des manifestations et en défendant l'art non-occidental, en sachant que ces actions obéissaient au modèle constitué par la transgression avant-gardiste en Europe. La transgression devient un événement médiatique. Etre d'avant-garde devient une stratégie de médiatisation. Le dernier acte spontanément transgressif de l'expressionnisme abstrait a été son utilisation originale de la transgression comme stratégie médiatique.

L'aliénation est remplacée par la fascination. L'artiste ne peut plus se retirer dans un dédain hautain, dans une position où il pourrait voir les codes sans être impliqué. Il est au contraire attiré par eux, enchanté, hypnotisé. Il trouve dans son sujet un plaisir acide, répétitif et monotone, comme celui d'un narcotique synthétique. Le moment-clef de ce changement intervient quand Andy Warhol fait la sérigraphie de la chaise électrique avec des couleurs *Day-Glo*.

La fascination est une chute libre. On ne peut ni lui échapper, ni la détourner. La carrière de l'artiste se réduit à une période de cinq ans peut-être avant qu'il ne soit digéré par les médias et que la critique s'arrête. L'artiste fasciné devient rapidement un objet de fascination. C'est ce qui est arrivé en premier aux expressionnistes abstraits, dont beaucoup ont eu le malheur de mettre brutalement fin à leurs jours avec un mépris de bon ton pour ce destin. (Ou était-il plus rapide d'abdiquer au profit de leur propre image, comme l'ont fait les stars du rock ?) Plus tard, les artistes ont su rester plus sereins devant cette éventualité et ont su simplement profiter de la production de masse quand l'opportunité se présentait.

De l'aliénation à la fascination. C'est le passage d'une culture de l'isolement et de la coercition à une culture de la prévention et de la séduction. Nous ne sommes plus isolés, assis dans une pièce éclairée par une petite ampoule électrique, dans un appartement, rongés par l'angoisse et torturés (comme Beckett a pu le décrire). Ces temps sont révolus. La torture de l'industrialisme a laissé place à la séduction du paysage post-industriel. Nous n'avons plus aucun désir de quitter nos foyers. La petite ampoule électrique est supplantée par le merveilleux tube qui offre des mouvements, des sports, des paroles. Des conduits de toutes sortes entrent et sortent, amenant à domicile la conversation, l'air pur, la lumière, l'eau fraîche, la musique. Cette transformation est l'événement majeur des trente dernières années.

Alors que la transgression devient impossible, la demande qu'elle suscite s'accroît. Depuis au moins les années soixante, la culture de la fascination est telle qu'elle a absorbé tous les actes de transgression que l'on a seulement osé envisager. Les criminels et les extrémistes politiques écrivent des best-sellers. Les artistes d'«avant-garde» participent au journal télévisé de 20 heures, alors que les transsexuels sont interviewés par le maître du *talk-show*, Phil Donahue.

La forme créée par la transgression est pleine de nostalgie. L'exigence d'une transgression devenue impossible est satisfaite par des recours plus ou moins érudits à la nostalgie. Quand le moment fut venu de transgresser les structures vacillantes du formalisme, les artistes italiens et allemands ont simulé la transgression en faisant appel à une figuration du début du XXe siècle. Quand les architectes ont voulu transgresser le langage du style international, ils n'ont pu utiliser qu'une panoplie de références historiques.

Qu'advient-il alors de l'artiste et de l'intellectuel dans une telle situation ? Sommes-nous des «animateurs» jouant un rôle qui n'existe plus, sauf dans la parodie ? Baudrillard et d'autres insistent sur le fait que la fascination s'exerce avant tout sur le grand public. Pourtant, personne n'est plus fasciné que l'artiste et l'intellectuel. Warhol, Baudrillard, Jonathan Borofsky et Richard Prince se délectent bien plus de leur fascination que ne le font n'importe quel producteur de télévision, employé de bureau ou retraité. Le rôle de l'artiste et de l'intellectuel réside-t-il maintenant dans cette «conscience» post-marxiste de leur situation qu'implique leur fascination ?

Mais ce phénomène de fascination semble être plus proche d'un autre modèle. Dans notre univers post-moderne du simulacre, nous avons abandonné les objectifs du Discours et de l'Ecrit. Nous sommes entrés dans une ère du Commentaire, tel que Foucault définit la pratique de l'érudition dans le monde de la Renaissance. Mais à présent, artistes et intellectuels créent un commentaire sur un univers de simulation, sur un univers sans Texte. Il s'agit d'un commentaire sur la «superposition sans fin des signes» qui constituait autrefois le monde renaissant et qui constitue aujourd'hui le simulacre. Il y a là une exégèse sans fin, ni vraie, ni fausse. C'est un commentaire sur un univers de sables mouvants et de chimères où rien n'est solide, où rien n'est vrai.

Publié pour la première fois dans *New Observations*, (New York), n° 23, 1985.

La terre de glace

Car la Mort, dans une société, il faut bien qu'elle soit quelque part ; si elle n'est plus (ou est moins) dans le religieux, elle doit être ailleurs : peut-être dans cette image qui produit la Mort en voulant conserver la vie.

Roland Barthes, *La Chambre claire.*

Nous assistons à un spectacle étrange et macabre. Les morts ne reposent plus, oubliés, dans leurs tombes. Ils se lèvent devant nous, en grand nombre, dans des chambres sombres : ils resplendissent de lumière. A un endroit, ils font des discours politiques, ailleurs, ils racontent des bonnes blagues. Ici ils parlent entre eux, là ils s'adressent aux vivants. Ils dansent et chantent, parfois sérieusement, parfois gaiement. Mais, et c'est là le miracle, ils ne présentent aucune trace d'âge ou de déclin. Ils sont jeunes, au sommet de leur force et de leur beauté. Les vivants les contemplent, à la fois effrayés et fascinés, buvant chacune de leurs paroles. Leurs images apparaissent partout, aussi bien en public que dans les recoins les plus intimes des maisons des vivants.

Nous voyons alors que les vivants habitent un univers qui n'a plus de sens. Pour les vivants, la vie est devenue un spectacle de marionnettes, grotesque, alors que la mort est un vide prêt à tout engloutir. Pourtant, cet étrange spectacle des morts constitue une sorte de fac-similé d'espoir, un semblant de réconfort contre la peur éternelle. Suivant en cela l'exemple des morts, les vivants les plus puissants consacrent beaucoup de temps et d'énergie à préserver et à enregistrer leur propre apparence. Les moins fortunés font la même chose, selon leurs moyens. Quand ils vieillissent, de nombreux vivants se font remodeler le visage et le corps, à l'image d'une jeunesse idéale, en croyant que cette mascarade les protègera des assauts de la mort et du temps.

Cette scène macabre n'est pas la description d'un rituel primitif, elle n'est pas non plus le produit d'un scénario affreux de science-fiction. C'est la vie, ou tout au moins ce qu'il en reste, dans le paysage glacé du XXe siècle. C'est la vie dans une culture coupée du symbolique, mais qui pourtant, comme lui, n'en est pas moins obsédée par la mort. Mais ici la mort n'est pas synonyme de fusion avec l'universel, ni de retour aux origines. Elle n'est qu'un vide éternel, un destin à éviter à tout prix.

Et le prix est considérable. C'est ce que coûte la construction de la grande façade figée de la pseudo-vie, où la vie éphémère semble merveilleusement statique et immatérielle, où la jeunesse ne semble devoir jamais finir, où le mouvement et le discours, phénomènes par essence éphémères, sont conçus pour sembler éternels. Nous vivons aujourd'hui dans une culture qui nie la mort, comme on l'entend souvent, mais qui en plus s'efforce de transformer la vie en un simulacre, gelé et sans fin, d'elle-même.

Tous les moyens dont nous disposons sont utilisés pour atteindre cet objectif. Dans la scène macabre décrite plus haut, la chambre sombre est bien sûr la salle de cinéma, et les personnages lumineux sont ceux du film ou de la télévision. On a dit que les films et la télévision détachaient la réalité de «l'expérience vécue». Mais leur rôle, dans la création d'une toundra gelée de pseudo-vie, n'est pas moins important. Ces médias ne représentent en fait que l'état actuel de l'art, dans une série d'inventions technologiques et idéologiques faites pour créer un simulacre de vie gelée. C'est une série qui remonte à la Renaissance, quand le monde symbolique a commencé à s'effondrer.

Si nous nous basons sur les découvertes de nos historiens, nous constatons que, jusqu'à la Renaissance, hommes et femmes se préparaient consciemment à la mort. Ils acceptaient que leur heure puisse arriver ; ils pouvaient se préparer, un peu résignés bien sûr, à se fondre à nouveau dans l'ordre universel. Au moment de la mort, on trouvait le repos après les épreuves du monde temporel : on allait être jugé par Dieu. La mort était l'événement le plus important de la vie. C'était le temps de la réunification, du jugement, de la récompense ou de la damnation.

La Renaissance marque le début du déclin de cet ordre. On voit alors apparaître les premiers fac-similés de vie, à côté et même étroitement mêlés à l'ordre symbolique sur lequel reposait jusqu'ici l'appréhension de la mort. Depuis la Renaissance, le rôle de ces fac-similés n'a cessé de prendre de l'importance, alors que l'ordre symbolique n'a cessé de s'effacer.

Trois inventions majeures, apparues à la Renaissance, servent de base à la création de cette façade de vie simulée : le portrait, le concept d'art et celui de célébrité.

Le portrait est généralement appréhendé comme illustrant l'émergence de l'individu à la Renaissance : les traits du commanditaire sont généralement très distincts de ceux des autres personnages du même sexe et du même rang.

Mais on peut aussi y voir la première utilisation d'une technologie visant à arrêter le cours du temps et à se jouer de la mort.

Le portrait isole l'âge du sujet de la même façon qu'il insiste sur les caractères particuliers de ses traits. Il devient une horloge humaine dont l'âge est figé par la peinture à un moment précis. L'arrêt du temps est aussi explicite dans le traitement de la lumière. L'utilisation du clair-obscur donne l'impression qu'on a voulu restituer la lumière naturelle à un moment particulier. Et cette lumière en suspens est bien synonyme d'arrêt du temps, d'autant plus qu'à la Renaissance le passage du temps et le mouvement de la lumière allaient de pair.

Le portrait devient alors un équivalent portable et statique, de l'apparence de l'individu. Avec le portrait, l'image d'un individu échappe au temps, transcende la mort. Le simulacre intemporel commence à remplacer la personne vivante.

C'est le talent des artistes, leur art, qui a permis au portrait de jouer ce rôle extraordinaire. A la Renaissance, l'art cessa d'être une pratique au service du symbolique. Il n'y a plus alors de crucifixions ou de cathédrales anonymes. L'art est maintenant chargé d'«immortaliser» les humains eux-mêmes. L'artiste de la Renaissance défend ardemment cette idée : Alberti, par exemple, soutenait que la peinture rendait «présents les absents et semblait presque redonner vie aux morts».

L'artiste devint le grand prêtre du culte de la vie simulée. Non seulement l'œuvre d'art immortalise le sujet en préservant son apparence spécifique, mais elle attire aussi, grâce à la beauté de l'œuvre, l'attention des générations futures, assurant alors encore davantage «l'immortalité» de son sujet.

L'idée d'immortalité s'exprimait aussi à travers le concept de célébrité. La culture européenne ne se contentait plus d'assurer la vie éternelle en rendant grâce à Dieu. Le concept religieux de vie éternelle commença à laisser place à une autre idée : on pouvait gagner cette vie éternelle en inscrivant ses hauts faits dans l'esprit des générations à venir – en étant célèbre. La préservation du nom et de la réputation remplaça alors celle du corps et celle de l'âme. Nous pouvons pourtant aujourd'hui trouver maints exemples de la puissance de cette idée. Des rues, des places et des bâtiments portent les noms de générations d'hommes d'Etat, de révolutionnaires et de généraux.

Le portrait, l'art et la célébrité suffirent à repousser la mort pendant trois cents ans ; mais au XIXe siècle, de nouvelles inventions vinrent remplacer les structures déjà atrophiées du symbolisme. Ces nouvelles inventions –l'Histoire, le réalisme et la photographie – rendirent possible la pleine réalisation de l'idéal d'une vie hors du temps.

L'Histoire parvint à établir un discours entre les morts et les vivants, qui allait bien au-delà du concept de célébrité. Elle permit à l'ensemble d'une ère donnée – à ses structures économiques, à ses conflits, à ses styles – d'aller et venir dans le temps. Grâce à l'Histoire, la conscience put remonter des centaines d'années en arrière. Les générations du présent purent discourir avec celles du passé. Grâce à l'Histoire, nous pouvons croire que le futur participera un jour aux débats et aux crises du présent.

Le XIXe siècle a aussi inventé le réalisme qui, d'une certaine façon, a étendu le concept de vie figée de l'individu à la scène collective. Chez Courbet, par exemple, la spécificité du portrait s'étend aux vêtements des paysannes, au paysage poussiéreux et même au bétail décharné. Le réalisme élargissait d'une part la portion de vie que l'on pouvait simuler, il permettait d'autre part d'établir une nouvelle confiance en la «réalité» du simulacre.

C'est au sein de ce même mouvement qu'est apparue la photographie. Techniquement l'appareil photo permettait de figer instantanément le temps, sans avoir recours aux techniques laborieuses de la peinture. Le temps imprimé sur l'image et celui nécessaire à la constitution de cette dernière était identiques.

L'invention de ce processus mécanique rapide contribua aussi à banaliser la création de l'image figée. L'intermédiaire n'étant plus nécessaire, la photographie finit par être considérée comme aussi vraie que son modèle vivant.

Avec l'avènement de la photographie, ce n'était plus seulement les images du riche et du puissant qui étaient préservées. On fit des photographies de tout le monde. Grâce à cette popularisation, l'image figée prit de plus en plus d'importance au sein de la cellule familiale, là où justement l'idée de mort était de plus en plus honnie. Les familles devinrent alors dépositaires de clichés de leurs proches, morts ou vivants.

La famille possédait des témoignages de la vie de chacun étape par étape. Il existe des photographies de l'enfance et des différentes étapes de l'âge adulte. Ainsi, ces étapes ne disparaissent plus complètement après avoir été vécues ; elles deviennent des monuments figés s'opposant au flux inexorable de l'existence temporelle. Le temps lui-même commence alors à perdre son sens. Dans *La Chambre claire*, Barthes examine une photographie de sa mère à l'âge de cinq ans, après la mort de cette dernière : «J'étudiai la petite fille et enfin retrouvai ma mère.» L'homme mûr rencontre sa mère enfant.

L'accumulation de toutes ces inventions technologiques et idéologiques depuis quatre cents ans a préparé le terrain des événements du XXe siècle. On ne peut plus aujourd'hui distinguer les morts des vivants, et le temps ne semble plus suivre son cours. La machinerie, qui nous permet de tourner radicalement le dos à la mort, est en place maintenant.

Il y a eu prolifération de moyens d'enregistrement. Soudain, avec le film, non seulement l'image de l'homme est enregistrée mais aussi le mouvement – ce signe qui très précisément fait la différence entre la vie et la mort. L'enregistrement de la voix humaine est mis au point à la même époque. Le discours, la chanson, les signifiants les plus poignants du passage du temps, peuvent maintenant être préservés à jamais.

Il existe un véritable culte des médias – le cinéma, les disques, la télévision. Des budgets énormes, des ressources incroyables leur sont consacrés. L'importance du tournage d'un film est telle que, partout dans le monde, les autorités n'hésiteront pas à interrompre la circulation et la vie quotidienne pour qu'il puisse être réalisé : et il y a toujours un attroupement de badauds subjugués par le spectacle de la vie transformée en une image plus permanente qu'elle-même.

Les médias ont créé une culture propre, complexe, dont l'objet est de poursuivre plus avant la simulation d'une vie hors du temps. Les figures clefs de cette culture sont les stars du cinéma, du disque et de la télévision. La star est ce personnage superréel avec lequel nous nous identifions, et dont la vie figée permet à la nôtre de le devenir tout autant. (Pour quelle autre raison des millions de gens vieillissants passent-ils des dimanches entiers à regarder les images d'athlètes éternellement forts, éternellement jeunes ?)

Mais la tâche-clef de la culture des médias est la destruction finale de la vieille idée du déroulement chronologique.

Ceci est fait en rapprochant la technologie de l'enregistrement et l'idée de l'Histoire. La culture des médias procède de deux façons. Elle enregistre des simulations du passé (et du futur) comme s'il s'agissait du présent et, en même temps, présente les enregistrements effectivement réalisés dans le passé comme s'ils appartenaient au présent. D'une part, on invente le film historique et, de l'autre, le culte des vieux films. D'une part, on enregistre les symphonies de compositeurs disparus et, de l'autre, on distribue les disques des stars du rock, elles aussi disparues.

Tout finit par appartenir à un présent asynchronique où le temps se trouve condensé, sans ordre, sans signification. Les paradoxes sont légion dans cette nécropole. Shirley Temple est-elle une femme ou une enfant ? Lauren Bacall a-t-elle vingt ou soixante ans ? John Wayne est-il mort ou vivant ? Dans *Naissance d'une nation,* la guerre de Sécession, qui a eu lieu il y a longtemps, est interprétée par des acteurs qui sont morts depuis longtemps. La mort est ici niée deux fois.

Nos vies sont si pleines de ces images fantastiques créées par les médias, qu'il nous est très difficile de nous concentrer sur la mort. Cependant, il est vrai qu'à un moment donné, nous mourrons tous. Mais des brèches commencent à se creuser dans le mur de la mort. On arrache les mourants à la mort pour les maintenir en vie avec des organes artificiels. La génétique devient capable de cloner la vie à partir de la vie. Pendant ce temps, Walt Disney, le grand maître du temps, «attend sa résurrection par moins 180 degrés centigrades». Si cette ère de modernité se poursuit, si nous continuons à fuir la mort avec horreur, alors peut-être d'autres inventions permettront-elles au mort de marcher à nouveau ; notre «scène macabre» sera rejouée à un niveau encore supérieur de «vérisimilitude».

Et Walt Disney se lèvera un jour pour parler à ceux qui ne sont pas encore nés. Il s'éveillera alors peut-être dans un futur dont il avait rêvé dans un passé lointain.

Publié pour la première fois dans *ZG,* (New York), n° 12, novembre 1984.

Le déploiement du géométrique (1984)

Le déploiement du géométrique domine le paysage. L'espace est divisé en cellules discrètes, isolées, conçues pour se multiplier et fonctionner. On les atteint par un réseau complexe de couloirs et de routes qui doivent être empruntés à des vitesses précises et à des moments précis. L'augmentation constante de la complexité et de l'échelle de ces géométries transforme continuellement le paysage.

Des conduits alimentent les cellules. L'électricité, l'eau, le gaz, les lignes de communications et parfois l'air lui-même, y sont amenés par eux. Ils sont presque toujours enterrés, invisibles. Les grands réseaux de transport donnent l'illusion de mouvement et d'interaction perpétuels. Mais le réseau de conduits réduit au minimum le besoin de quitter les cellules.

L'enrégimentation du mouvement humain, de l'activité et de la perception, accompagne la division géométrique de l'espace. Elle est gouvernée par les systèmes de contrôle du temps, l'application de standards de normalisation et l'appareil policier. A l'usine, le mouvement doit se conformer à des géométries spatiales et temporelles rigoureuses. Au bureau, l'enregistrement sans fin des chiffres et des statistiques est présidé par les employés.

Parallèlement à la géométrisation du paysage apparaît la géométrisation de la pensée. La réalité spécifique laisse place à la primauté du modèle. Et celui-ci est à son tour imposé au paysage, déplaçant ainsi la réalité selon un processus de circularité croissante.

L'art, ou ce qu'il en reste, a été également géométrisé. Mais il a été curieusement associé au transcendantal. Chez Mondrian, Newman et même Noland, il devient le blason de l'intemporel, de l'héroïque et du religieux. La géométrie, ironiquement, devient le lien privilégié avec la nature dont pourtant elle s'écarte.

L'art géométrique a ainsi été utilisé pour justifier le déploiement du géométrique. Il a lié celui-ci à la sagesse des anciens, à la tradition de la vérité religieuse et aux pratiques ésotériques de méditation des civilisations non-occidentales. L'art géométrique a été utilisé pour cacher le fait que le déploiement moderne du géométrique était plus étrange encore que les mythes étranges des sociétés traditionnelles. L'art géométrique a cherché à nous convaincre, malgré l'évidence du contraire, que le progrès de la géométrie est un progrès humaniste, qu'il fait partie de la «marche de la civilisation», qu'il s'inscrit dans une continuité historique. Et l'art géométrique a pleinement rempli son objectif. Il a ainsi permis la seconde phase de la géométrisation (coïncidant avec l'après-guerre) où la coercition a été remplacée par la fascination.

Nous sommes convaincus. Nous sommes volontaires. L'enfermement décrit par Foucault est aujourd'hui remplacé par la dissuasion décrite par Baudrillard. Nul besoin aujourd'hui d'enfermer le travailleur dans l'usine. Nous nous inscrivons tout seul dans un club de body-building. Nul besoin d'enfermer le prisonnier dans une prison. Nous investissons dans des lotissements. Le fou n'a plus à errer dans les couloirs de l'asile. Nous circulons sur les autoroutes.

Nous nous investissons aujourd'hui pleinement dans les géométries qui symbolisaient autrefois la discipline coercitive. Les enfants sont fascinés par les géométries *Day-Glo* des jeux vidéo. Les adolescents sont enchantés par les mystères arithmétiques de leurs ordinateurs. Adultes, nous finissons enfin par prendre directement part à l'univers cybernétique hyperréel grâce aux cartes de crédit, aux répondeurs téléphoniques et aux hiérarchies professionnelles. Nous pouvons maintenant vivre dans des «banlieues spectrales» ou des villes simulées. Il nous est possible de jouer tous les jeux, corporatifs, économiques et même artistiques.

Maintenant que la géométrie domine, l'art géométrique a disparu. Marden ou Ryman n'ont plus de raison d'être, n'ont plus besoin de nous convaincre de la beauté essentielle du géométrique concrétisée aujourd'hui par l'image lumineuse du téléviseur. Nous investissons au contraire dans «l'art figuratif», afin de nous persuader que le vieux corps humaniste n'a pas totalement disparu – même si cela est faux. C'est seulement maintenant, au moment où l'art géométrique a disparu, qu'il peut justement prendre part à la description du déploiement du géométrique.

Publié pour la première fois dans *Effects*, (New York), n° 3, hiver 1986.

Notes sur la nostalgie

« La simulation est maîtresse,
et nous n'avons plus droit qu'au rétro,
à la nostalgie, réhabilitation fantomatique,
parodique de tous les référentiels perdus.

Baudrillard

1. La nostalgie n'est pas un phénomène passager induit par le «conservatisme» des années quatre-vingt. C'est bien plutôt une «réalité» structurelle : tout est affecté – les médias, la politique et l'art.

2. La nostalgie a remplacé la nature en tant que référent dans la culture post-industrielle. Elle résulte de la «réalisation» massive du concept d'Histoire, qui est intervenue dans tous les secteurs de la pensée ; elle est aussi paradoxalement issue du nivelage de l'Histoire accompagnant cette prédominance de la pensée historique. L'image de l'Histoire n'est plus cette route ardue, bien définie, serpentant le long du flanc de la montagne. Elle est au contraire devenue un marais, un bourbier parcouru de myriades de chemins boueux qui ne mènent nulle part et qui disparaissent dans un horizon éternellement brumeux.

3. Chaque aspect du social est réglementé par cette Histoire sans déterminisme. Dans les journaux télévisés, le présent devient historique : les événements sont sélectionnés de façon à ce qu'ils puissent chaque jour se conformer au système de l'Histoire. A la radio, l'Histoire est écrite heure après heure. Mais les révolutions nationales, les accidents de voiture et les commentaires sur les stars du cinéma sont tous traités de la même façon par cette historicité nivelée.

4. L'Histoire devient divertissement et le divertissement devient Histoire. Il y a des dramatiques historiques à la télévision, et il y a les *Academy Awards*. Il y a *60 minutes* et le *Baseball Hall of Fame* *. Il y a l'année 1984, selon le calendrier chrétien traditionnel, et il y a le *Super Bowl XVIII* **».

5. En politique, la nostalgie promet le retour d'une réalité qui était elle-même un idéal abstrait. Les politiciens se drappent dans le manteau de la nostalgie. Gary Hart est Kennedy, John Glenn est Ike, et Mondale, Hubert Humphrey. Mais Reagan gagne car il se présente comme John Wayne. Reagan nous propose un retour à l'époque où les hommes étaient à cheval, coupaient du bois et possédaient des ranchs (bien que dans ce cas précis le ranch soit situé en Californie du Sud). La question est la suivante : la simulation de cette réalité peut-elle entraîner une vraie catastrophe ? Ou le système de dissuasion caractéristique du simulacre continue-t-il à contenir ces approximations

* Musée du baseball.
** Finale de football américain, en janvier.

du réel ? (L'époque de la réalité et celle de la guerre totale étaient, bien entendu, les mêmes.)

6. Dans le domaine de l'art, la nostalgie est partout. Il existe une nostalgie du début du siècle. Il existe une nostalgie du romantisme. Il existe une nostalgie des années cinquante et une nostalgie du *Pop*. Baudrillard nous dit que tout est appelé à une seconde vie en tant que référence nostalgique. Les artistes d'aujourd'hui peignent les années cinquante comme les impressionnistes peignaient des meules de foin au crépuscule.

7. Dans la mesure où l'Histoire a perdu son pouvoir, cette nostalgie ne peut plus être celle de l'artiste moderne quand il se réfèrait à un style antérieur. Picasso citait Cézanne car celui-ci représentait un jalon dans la progression historique. Il ne subsiste aujourd'hui qu'un commentaire sur le réseau entrecroisé des styles historiques. (Ou l'Histoire était-elle déjà nivelée quand Picasso citait Cézanne ?)

8. La nostalgie a aussi remplacé la transgression, ou plutôt elle simule maintenant la transgression. Les expressionnistes abstraits simulaient la transgression par leur utilisation nostalgique des stratégies du modernisme européen. Les néo-expressionnistes simulent la transgression en «réhabilitant parodiquement» le début du siècle ; les architectes post-modernes ont fait la même chose en réhabilitant un vocabulaire architectural pré-moderniste.

9. C'est la fin de l'art «tel que nous le connaissons». C'est la fin de l'art de l'histoire de l'art. C'est la fin de l'art urbain avec ses luttes dialectiques. Cet art simulé existe

aujourd'hui dans des villes qui sont aussi les doubles d'elles-mêmes, des villes qui n'existent que comme références nostalgiques de l'idée de ville et de communication sociale. Ces villes simulées sont plus ou moins localisées à l'emplacement des cités anciennes, mais elles ne remplissent plus la même fonction. Ce ne sont plus des centres, elles servent seulement à simuler l'idée de centre. Et c'est à l'intérieur de ces centres simulés, en plein cœur en général, que se déroule l'activité artistique simulée, une activité elle-même nostalgique d'une activité artistique réelle.

Publié pour la première fois dans *New Obervations,* (New York), n° 27, 1985.

Frank Stella... et le simulacre

Voici le temps venu de la grande culture de
la communication tactile,
dans l'espace cinématique du théâtre
spatio-dynamique total.

Baudrillard

La critique du travail de Frank Stella a toujours été articulée autour de deux pôles. D'une part, son travail a été salué comme l'apothéose de la peinture moderniste la plus rigoureuse. On a dit qu'elle était matérialiste dans ses effets, implacable dans sa logique et hermétique dans sa conception. D'autre part, il a été tourné en dérision et considéré comme un cul-de-sac déshumanisé de la peinture. On a estimé que toute complexité picturale avait été évacuée et que les images n'étaient plus que des «graphiques». On considère que la subtilité humaniste est absente de son travail où il ne reste qu'un réaménagement «bureaucratique» et une gestion «administrative» du processus artistique.

Ironiquement, c'est la synthèse de ces deux points de vue qui autorise une critique convaincante du travail de Stella. Nous verrons alors que l'art de Stella est à la fois matérialiste et bureaucratique, et à la fois hermétique et graphique. Mais pour réunir ces différentes qualités, il faudra nécessairement passer par un autre point de vue critique. Et nous découvrirons que Stella n'est ni moderniste, ni bureaucrate, mais que son travail est très proche d'un post-modernisme dominé par les idées d'hyperréalisation, de simulation, de clôture et de fascination.

On doit d'abord se demander comment le travail de Stella peut être post-moderne, dans la mesure où la critique n'utilise l'idée de post-modernisme que dans les années quatre-vingt. La réponse est que la formulation et la diffusion, par la critique, de l'idée de post-modernisme suit de très loin son apparition dans les domaines artistiques et culturels. C'est en fait au début des années soixante, quand Frank Stella s'impose en tant qu'artiste, que les éléments du post-moderne et son corollaire, le post-industriel, commencent à se mettre en place.

Le début des années soixante voit l'émergence de la culture de l'informatique, avec l'ordinateur et l'électronique. Les voyages internationaux en jet se sont développés à une échelle commerciale, en entraînant un bouleversement des relations spatio-temporelles et culturelles. C'est dans les années soixante qu'est mis en place un réseau d'autoroutes, l'*Interstate Highway System*, et que sont créées parallèlement les villes décentrées du *Sun Belt*, conçues en fonction de la circulation automobile. C'est l'époque des missiles inter-continentaux, des missions spatiales, de l'observation par satellite, qui tous inscrivent la réalité à l'intérieur de leurs orbites circulaires et leurs trajectoires paraboliques.

Si les années soixante faisaient la jonction entre les mondes industriels et post-industriels, entre le réel et le simulé, l'art des années soixante était une réponse à cette situation. D'une part, il y a dans les années soixante une nostalgie intense du traditionnel et de l'industriel. Les musiciens de rock étaient fascinés par le blues acoustique de la culture *Hobo* des années vingt et par la musique indienne du sitar. La mode mélangeait les textiles du Guatémala et les vêtements de l'ouest américain du XIXe siècle. Mais il y a en même temps une fascination du technologique, du simulé et du futuriste, illustrée par les meubles en plastique moulé, la guitare électrique et le dôme géodésique.

On peut considérer que Stella, vers 1960, réagissait précisément à cette situation. Une transition cruciale s'est opérée dans son travail entre les *Black Paintings*, où on trouve encore une nostalgie de l'industriel et du traditionnel, et les *Aluminium Paintings* qui proposaient franchement des éléments du monde hyperréel et post-industriel.

Les *Black Paintings* étaient encore d'inspiration moderniste. L'application de la peinture, bien que mécanique, est irrégulière – et elle brille d'une sensibilité à la lumière que l'on trouve, par exemple, chez un Rothko. Les bandes sont peut-être répétitives, mais leur qualité symétrique, hiératique, et l'utilisation fréquente de motifs en diagonale, rattachent les images à l'utilisation des structures ornementales dans l'art traditionnel non-occidental. Les configurations peuvent rappeler le travail de la terre cuite islamique ou peut-être encore les tapis kurdes. Finalement, cette couleur noire, omniprésente et mélancolique, rattache les peintures au nihilisme et à l'existentialisme des années cinquante.

C'est d'une conscience radicalement différente dont il s'agit dans les *Aluminium Paintings*. La peinture est appliquée de façon égale et les bandes sont séparées par une ligne définie. L'effet est froid, presque science-fictionnel. La peinture ne se contente plus de briller – il s'agit d'aluminium, métal contemporain, technologique, lié à l'idée de légèreté, d'efficacité et d'utilité commerciale. Plus important encore, les configurations ont complètement perdu leurs associations traditionnelles. L'introduction du *jog* * semble soudainement les rendre mouvantes : elles ressemblent aux allées autoroutières, accentuant le mouvement de la circulation. De plus les bandes sont sans variations ni inflexions. Elles emplissent l'espace, de façon régulière et neutre, devenant alors des succédanés de l'activité dans la peinture, et des substituts à l'incident et à l'imagerie.

Les zones entre les bandes des *Aluminium Paintings* ont elles aussi une fonction importante. Les couloirs de mouvement et de circulation ne sont plus visibles sur un fond comme elles le sont, par exemple, chez Mondrian. Chez Stella, le fond, et donc la nature, est occulté. La circulation et le mouvement abstraits demeurent la seule réalité.

Le propos des *Aluminium Paintings* est poursuivi et élargi dans les diverses séries de peintures à bandes des cinq années suivantes. Les *Copper Paintings* sont intéressantes dans la mesure où les changements et les intersections à angle droit explicitent encore davantage le propos circulatoire de Stella. La série *Purple* introduit un niveau supplémentaire d'intensité simulée par l'utilisation d'un pigment métallique pourpre. Leurs configurations – triangles, parallélogrammes et pentagones, où les bandes forment un circuit continu – définissent aussi une situation de clôture et de circularité où les lignes se poursuivent, sans début ni fin.

Dans la série *Running V*, les bandes semblent acquérir une vélocité supplémentaire, plus proche de l'électricité dans un microprocesseur que de simples automobiles sur une autoroute. Dans la série *Moroccan*, la peinture *Day-Glo* est utilisée. La couleur elle-même est maintenant

* Impression visuelle d'oscillation.

remplacée par son équivalent hyperréel et simulé. Et les thèmes issus des cultures non-occidentales réapparaissent, mais sous l'angle post-moderne. Une sensibilité non-occidentale ne peut en aucun cas avoir une quelconque influence ici. Ou plutôt, dans ces peintures comme dans les *Super Graphics*, la culture marocaine est complètement déracinée et réduite à ses signes les plus faciles à reproduire. Une culture tout entière est rendue par des diagonales répétitives, aux couleurs vives. L'emprise de l'hyperréel sur toutes les autres réalités est totale.

L'évolution de Stella, pendant ces années, est intéressante, non seulement par les thèmes visuels qui apparaissent dans ses tableaux, mais aussi par sa façon de gérer la production de ses toiles. Pendant cette période, Stella hyperréalisait les moyens qu'il employait. Il n'utilisait que des pigments artificiels issus des recherches de pointe. Ses châssis épais, ses formats façonnés et l'échelle extra-humaine semblent aussi hyperréaliser les peintures en tant qu'objets : elles se dégagent plus du mur qu'une peinture «réelle» ; elles sont plus grandes et leur forme est plus agressive.

L'utilisation que fait Stella de la série (en passant d'un ensemble de peintures à un autre) est elle aussi très importante. Les artistes ont souvent travaillé à des séries, mais chez Stella il n'y a pas cette évolution progressive d'une toile à l'autre qui fait qu'une nouvelle série naît de la précédente. Plutôt, les séries se suivent presque annuellement, comme les nouveaux modèles de voitures à Détroit. De plus, il n'existe pas, à l'intérieur de chaque série, un original moderniste qui serve de base aux autres tableaux. Au lieu de cela, la configuration de la série tout entière est en fait décidée à l'avance. L'identité de chaque peinture repose sur son appartenance à l'ensemble.

L'exposition de ces peintures en tant que série complète

hyperréalisait l'idée moderniste d'exposition. On ne pouvait discerner aucune évolution dans une exposition de Stella au cours de ces années. Il n'y avait pas de grands formats à côté de formats plus petits, plus intimes. Mais la simple présentation des séries, associée aux autres procédés d'hyperréalité et de simulation que Stella utilisait, donnait à ces expositions une qualité science-fictionnelle.

En 1967, avec la série *Proctractor* (rapporteur), Stella va encore plus loin dans l'univers de la simulation. Jusque-là, on avait pu lire les tableaux de Stella littéralement, comme des surfaces planes sur lesquelles de la peinture avait été apposée, sans illusion ni ambiguïté. Mais dans la série *Proctractor*, l'espace est conçu de telle façon qu'il devient triple et contradictoire. Premièrement, il y a l'espace physique de la peinture en tant qu'objet, dramatisé par les dimensions de l'œuvre, sa découpe inhabituelle, son relief profond. Ce qui est encore accentué par la façon dont la toile est apparemment grossièrement tendue sur l'énorme châssis, les coups de crayon fortuits et les zones alternées de peinture uniformément appliquée et de toile vierge. Deuxièmement, il y a l'espace du dessin lui-même, qui accentue à la fois l'entrelac des bandes qui s'entrecroisent et les rapports d'emboîtement entre les bandes en éventail et les bandes d'encadrement. Troisièmement, il y a l'espace créé par la combinaison de couleurs *Day-Glo* et d'acryliques très vives. Elles entrent en pulsation avec un étrange effet *push-pull* qui crée cet espace coloré. Ainsi, ce sont donc trois systèmes spatiaux indépendants qui, combinés, créent un espace de théâtralité et de fascination. Il n'y a là aucune tentative d'unifier ces différents éléments. Tout au contraire, les signes spatiaux s'additionnent les uns aux autres – ils se combinent afin de produire l'effet visuel le plus intense possible. Nous avons alors quitté l'espace moderne unifié de la raison pour pénétrer un espace post-moderne dont le premier objectif est la séduction.

Dans la série *Proctractor*, Stella approfondit aussi la problématique de la multiplicité et du modèle. Les peintures ne sont plus seulement basées sur une série de motifs pré-existants, mais chaque variante est maintenant traitée de trois façons différentes, les «entrelacs», les «arc-en-ciel» et les «éventails». Le choix du rapporteur (*Proctractor*) comme base de la série est lui aussi significatif. Avant, les formes utilisées par Stella étaient basées sur des formes géométriques simples – carrés, triangles, pentagones, etc. – des formes qui sont toujours en relation avec la tradition classique et idéaliste de la géométrie. Avec le rapporteur, Stella choisit un outil, celui du dessinateur et de l'ingénieur. Le rapporteur est lui-même à la fois un modèle et un outil pour faire des modèles. Avec la série *Proctractor*, Stella passe définitivement du monde moderne idéaliste au monde post-moderne, où le modèle prédomine.

Dans le travail de Stella, la série *Proctractor* était à la fois une fin et un début : la fin de peintures simplement constituées de pigments sur toile, le début de l'utilisation d'effets, par l'ajout, la couleur et l'espace, pour créer une surcharge visuelle, caractéristique de son travail de reliefs métalliques jusqu'à aujourd'hui.

Les diverses séries de peintures en reliefs métalliques représentent une intensification de l'approche initiée avec la série *Proctractor*. Des formes massives d'aluminium en nid d'abeilles sont assemblées avec une facilité déroutante. Elles se superposent de façon si complexe que toute appréhension de leurs véritables relations spatiales devient presque impossible. La figure et le fond sont eux aussi obscurcis dans la mesure où les espaces vacants sont remplis par des formes qui pointent de l'arrière. Chaque panneau est ensuite couvert d'une profusion de textures, peintures et coups de pinceau, qui compliquent encore davantage l'espace et créent une impression de scintillement. Avec cette œuvre, nous sommes dans un monde où l'espace est dramatique mais ne fait plus sens, où tout est agencé pour produire l'effet maximal. Comme à Disneyworld, à Las Vegas ou dans une galerie marchande, tout est agencé pour attirer, séduire et éblouir.

Il s'agit aussi d'un monde où tout signe est admis, mais où tous perdent leur signification réelle. Dans ces œuvres le coup de pinceau des expressionnistes abstraits est réduit à un signe vide, neutre. Les couleurs, brillantes et complexes, n'ont d'autre objectif que simplement produire l'effet coloré. De la même façon, la composition ne vise qu'à établir les idées de mouvements et d'attraction. Les œuvres ne sont plus alors qu'une simulation neutre, hyperréelle, de la peinture elle-même.

Les seules références extérieures au travail appartiennent au monde du simulacre. L'aluminium en nid d'abeilles et le magnésium gravé nous rappellent le monde post-industriel des métaux ultra-légers et des circuits imprimés. Les «cônes et piliers» illusionnistes des travaux les plus récents rappellent les simulations spatiales des dessins sur ordinateur. Et, bien sûr, tout se réfère à l'univers du modèle – les différentes parties produites en série, à l'imagerie répétitive, sont assemblées dans des tableaux qui sont eux-mêmes des multiples.

Si nous avons pu définir le travail de Frank Stella comme post-moderne, il faut finalement nous demander comment cela est possible puisque Stella lui-même en a une appréhension radicalement différente. Peut-être simplement parce que dans la situation post-moderne, l'artiste n'a pas le même degré de conscience qu'à l'époque de l'idéal moderniste. En fait, nous pouvons considérer que Stella joue le rôle de l'artiste moderniste pour un public post-moderne, et nous pouvons voir dans son travail une hyperréalisation du modernisme. Ou il est à ce point enfermé dans le simulacre qu'il n'a plus conscience de son existence (contrairement à Warhol qui, dans les années soixante, faisait sans cesse allusion à la conscience qu'il en avait, bien que ce soit peut-être justement cela qui l'ait rendu incapable de soutenir sa critique). Par exemple, Stella a déclaré récemment qu'il voulait donner à son travail la même réalité intense que celle inhérente au travail du Caravage. Mais si nous transformons ce désir de réalité intense en désir d'hyperréalité intense, nous aurons alors une idée de sa position vis-à-vis du simulacre.

Le certificat de modernité de Stella est finalement souvent étayé par des références à son éducation : en tant que produit de l'école préparatoire et de l'université, il est indubitablement le représentant type de la tradition moderniste. C'est très précisément cette formation qui explique pourquoi on peut le situer dans le concept du simulacre. Car celui-ci n'a pas été inventé par les masses, par ceux qui boivent du Pepsi ou qui regardent les *Super Bowls*. Il a été inventé par les entreprises, les agences de courtage et de publicité, les médias, c'est-à-dire toutes ces institutions qui vont chercher leurs leaders dans ces machines à transformer la connaissance moderniste en information post-moderne, les universités d'élite.

Publié pour la première fois dans *Flash Art*, (Milan), n° 126, janvier 1986.

De la ligne

Soudain, dans les années soixante, les cercles ont commencé à faire leur apparition. Il y eut les cibles de Noland, les organisations circulaires de Smithson, les configurations en forme d'anneaux de Morris et de Serra. L'époque a vu dans cet engouement pour le cercle un désir d'unité – le cercle, c'était l'orbe, l'image de la plénitude, un signe d'unité. Ces motifs circulaires avaient pourtant des implications plus complexes. Dans presque tous les cas, le centre était vide. Il s'agissait finalement d'images linéaires et non de ronds pleins. Cet art annonçait que, désormais, la ligne devait revenir sur elle-même, qu'elle avait fini de se frayer une trajectoire dans les sous-bois de la Nature, que la boucle était bouclée, que, dorénavant, la ligne allait couler dans la ligne en un cercle éternel.

Les autoroutes fédérales. Elles serpentent majestueusement à travers les villes – surélevées comme malgré elles par de fades piliers de béton. Elles parcourent le pays, franchissent les abîmes, aplanissent les collines, glissent sur les marais. Le long de ces routes, toute publicité est interdite, et les constructions avoisinantes ont été démolies. Le vaste chemin prioritaire est bordé de pelouses bien entretenues et d'harmonieuses rangées d'arbres, comme se doit de l'être tout lieu de cérémonie.

Elles couvrent la nation entière selon des axes nord-sud et est-ouest régulièrement répartis. Les routes nord-sud sont répertoriées de I-5 à I-95 par intervalles de dix, et celles d'est-ouest de I-I0 à I-90. Un troisième chiffre s'ajoute lorsqu'il y a interaction entre l'autoroute et une ville (par une voie de ceinture, une rocade ou une zone industrielle). Le pays est totalement quadrillé par cette grille cartésienne. C'est notre plus grand monument à la ligne.

A partir de 1860 et jusqu'à 1920 environ, l'art annonçait plutot l'avènement d'un univers linéaire. D'abord Manet, puis Gauguin, et enfin Matisse, ont libéré le dessin des limites du clair-obscur. Le dessin était libre et la ligne pouvait devenir une force picturale dont le rôle allait vite s'étendre dans le domaine social. Quand s'épanouirent le cubisme et le néo-plasticisme, l'univers linéaire fut considéré comme bien établi : pour le cubisme, l'ordre du réel laissait la place au vecteur et au schéma. Le néo-plasticisme a ensuite célébré l'apothéose de l'univers linéaire dans toute sa gloire.

Derrière le volant. Sur l'autel de la ligne. Les mains agrippées au plastique glacé de l'objet linéaire devenu circulaire. Les yeux sur la route. Les yeux fixés sur cette route mais aussi sur la froide géométrie des lignes qui divisent la voie en différentes files. Au crépuscule, le paysage et la route elle-même disparaissent progressivement et il ne reste plus qu'une composition fluorescente de signes linéaires luisant dans la clarté des phares. Sur la route. Il paraît que c'est la plus grande sensation de liberté. C'est davantage un sentiment de complétude. Sur la route, au volant, dévorant la distance, il y a un sentiment de communion avec la puissance de la forme linéaire. C'est notre scène philosophique.

Dans la ville, en revanche, on est submergé par la complexité des réseaux de lignes. La rue, bien sûr, est également une artère de circulation. Son efficacité en tant que telle est améliorée par le système de feux qui utilisent des signes de couleur pour arrêter ou guider le flot de voitures. Mais la rue est aussi le toit qui recouvre l'énorme tissu de conduits fonctionnant au-dessous d'elle. Les canalisations d'eau, les égouts, le gaz. Les fils électriques, les lignes de téléphone, les cables de télévision. Les tunnels de métro, les passages souterrains pour les automobiles. Ce sont ces entrelacs de lignes, cette élaboration de systèmes parallèles de circulation, qui caractérisent la modernité.

Ce système formel s'est développé sur un mode universel. C'est le mode de la cellule et du conduit, le formalisme de la «prise de courant». Le 747 vient s'arrêter devant la porte qui lui a été réservée et immédiatement des techniciens apparaissent avec des tuyaux, des fils électriques et des rampes d'accès qui relient l'avion aux conduits d'où s'écoulent le fuel, le courant électrique, les bagages et les passagers. Le malade à l'hôpital est branché sur l'arrivée d'oxygène ou sur l'intra-veineuse, tandis que l'employé de bureau est branché sur son terminal d'ordinateur. A la maison, on branche tout ce qui, auparavant, était naturel, qu'il s'agisse du vent, de la lumière, de la chaleur ou de l'eau.

La cellule. L'ubiquité du concept reflète l'atrophie de l'échange social et le règne de l'interconnexion. En même temps que l'arrivée de «commodités» canalisées nous épargne la nécessité de quitter la cellule, elle nous y confine. On se trouve coincé chez soi dans l'attente d'un coup de fil ; au lieu de rejoindre le monde social, on est obligé de rester dans sa cellule pour communiquer avec l'autre. Ou bien on reste tout simplement chez soi pour regarder quelque chose à la télévision ; pour être informé ou amusé par d'autres à la télévision, on renonce à leur présence et à leur compagnie. On entre dans une autre cellule, l'automobile, pour quitter sa cellule et l'automobile aussi est de plus en plus équipée de matériel de communication qui en font un lieu où l'on désire rester.

Le mécanisme de la cellule et du conduit, bien qu'universel, reste caché. L'automobile se déplace d'une destination à une autre le long de divers axes de circulation, mais c'est seulement lorsqu'elle s'arrête à une station-service qu'elle se branche sur le réseau. Le plein, cette tâche subalterne, n'a pas vraiment de rôle essentiel dans le système. De la même façon, chez soi, la tuyauterie est cachée, ignorée, anodine. La plomberie est scellée dans les murs, les prises électriques sont dissimulées dans les plinthes, les systèmes de chauffage sont au sous-sol. C'est un royaume sans absolu. Les réseaux linéaires contiennent des cellules, et les cellules contiennent à leur tour des réseaux linéaires en progression constante. L'avion de ligne est une cellule, mais il comprend également des kilomètres de fils et de tuyaux. La maison est une cellule, mais elle est pleine de machines comportant leurs propres circuits.

Dans les années vingt, l'abstraction linéaire était à son zénith. La linéarité était encore un but, un idéal que l'on ne pouvait exprimer pleinement que dans une œuvre d'art, qu'il s'agisse de peinture, de sculpture ou d'architecture. Or aujourd'hui, l'occlusion de l'univers linéaire est parachevée depuis longtemps. La linéarité a quitté le domaine de l'abstraction pour celui du diagramme. Elle opère un retour en arrière et essaie de s'appproprier les pièges de la réalité dans sa spécificité ; d'où le graphisme des jeux vidéo, des cadrans informatiques, des signaux d'aéroport et du symbole des années soixante-dix représentant un visage fendu d'un large sourire commercial vous souhaitant une bonne journée.

New York est la ville représentative par excellence de l'époque héroïque de la conquête de la ligne. Avec sa grille rigoureuse de rues numérotées, elle rappelle constamment la qualité cartésienne de son plan. Les lignes de ses gigantesques gratte-ciel surgissent dans le ciel dans un défi aux lois de la gravité. Des réseaux de conduits souterrains creusés profondément s'élèvent jusqu'à des hauteurs vertigineuses. (L'ascenseur, cette route verticale, est un élément-clef de son organisation spatiale.) La ligne de base de la terre est ignorée. Les structures linéaires s'étendent en trois dimensions avec une frénésie dionysiaque.

A Los Angeles, comme dans d'autres villes de l'âge d'or de la banlieue résidentielle, la perspective linéaire ne cherche plus à s'imposer à tout prix en dépit des forces de la gravité et de la topographie. La grille s'étend simplement horizontalement, en deux dimensions, sans accroc, presque naturellement – comme le plan idéal de Borges (selon Baudrillard) qui recouvrait le paysage entier.

Le semi-conducteur est tout à fait conforme à ce modèle de circulation bidimensionnelle. Petit à petit, en même temps que le monde social s'adaptait à un schéma d'autoroutes et de centres commerciaux, la mémoire et la connaissance étaient transposées sur circuits miniatures.

Les stimuli du monde moderne – le son et l'image – sont également reproduits et distribués par des systèmes infinis de technologie linéaire. (Les sens les plus intimes étaient autrefois exclus de ce registre.) La stéréo et la vidéo sont enregistrées sur bande, cette substance opaque et noirâtre qui symbolise l'ordre temporel linéaire et intransigeant de notre univers. Les ordinateurs et les chaînes hi-fi utilisent des disques plats dont les sillons reflètent le contenu circulaire. Toute l'information visuelle et orale – la conversation téléphonique, l'image télévisée, les données informatiques – est encodée en circuits électroniques. La linéarité devient langage. La science absconse de l'électronique garde maintenant la porte des sens.

La prolifération de l'ordinateur est l'élément du système qui en favorise le plus l'occlusion. Par le biais de l'ordinateur, on a la confirmation matérielle, comme issue d'une source indépendante, de toutes les hypothèses émises par la pensée linéaire. En revanche, l'ordinateur ne reçoit pas ce qui est émis en dehors des règles de son propre code linéaire. Le petit ordinateur personnel, de plus en plus répandu, devient un véritable oracle des structures linéaires. Il donne des instructions sur comment écrire ou conduire ses affaires, mais selon ses propres règles linéaires. Il est même employé pour endoctriner les enfants sur le même mode. Ajouté à cela que dans la mesure où une part de plus en plus importante de l'information nécessaire à la société est stockée dans des ordinateurs, les plus réticents sont finalement contraints d'en passer par eux et par le système de pensée qu'ils introduisent.

La couleur et le dessin. Ce sont les mots d'ordre d'une certaine forme de formalisme dans les arts visuels. L'accent mis sur le dessin reflète bien l'omniprésence du mode linéaire, mais l'importance donnée au rôle de la couleur a aussi une signification. La couleur dans le modernisme est parfois perçue comme un moyen de mettre en action un idéal d'expression hédoniste – de libérer la sensibilité bourgeoise de ses contraintes morales et symbolistes. Mais cette importance de la couleur reflète le rôle crucial qu'elle joue dans la structure linéaire. Dans l'univers plan, seule la couleur peut donner un sens à la ligne. Les tracés colorés sur les cartes différencient les catégories de routes.

Les fils sont de diverses couleurs selon leur fonction. Dans les hôpitaux, on peut se repérer dans le dédale des couloirs jusqu'à sa destination en suivant des bandes colorées sur le sol.

Dans les années soixante, le seul but des astronautes était de se mettre en orbite autour de la terre et d'inscrire dans les cieux un cercle qui entourerait la planète. Ce fut à la fois un grand spectable et un événement d'une haute signification rituelle. Dans leurs combinaisons argent réfléchissantes et leur capsule luisante (l'archétype de la cellule avec son peu d'espace vital et sa toute petite fenêtre), ils ont annoncé par leurs vols épiques l'occlusion du mode linéaire de sorte que l'humanité entière y assiste (à la télévision) : la linéarité et l'abstraction allaient désormais circonvenir la nature. La tradition spéculative de Descartes, Kant et Hegel avait refait le monde. C'est comme si la magie des Chamans s'était révélée toute puissante et que les recettes chamaniques avaient banni pour toujours les mystères de la Nature. La ligne pouvait maintenant se retourner sur elle-même. Le système s'était refermé, était devenu une vaste machine à reproduire ses postulats, avait enfin atteint, sur le modèle orbital, un état statique.

Publié pour la première fois dans *L.A.I.C.A. Journal*, (Los Angeles), décembre 1985.

Première publication en français dans *Peter Halley,* (cat. d'exp.), Paris, Galerie Daniel Templon, 1986. Traduction de Ann Hindry.

Essence et modèle (1986)

Qu'on le qualifie de post-modernisme ou de néo-modernisme, ce qui caractérise cet ordre, c'est son hyperréalisation des éléments du modernisme. Ceux-ci sont réduits à des formes pures et débarrassés de tout vestige de vie ou de signification. Ils sont redéployés dans un système auto-référentiel qui est lui même une hyperréalisation de l'auto-référentialité moderniste – bien qu'elle soit maintenant détachée du rêve moderniste de renouveau révolutionnaire. Dans le post- ou néo-modernisme, les éléments syntaxiques ne changent pas. Le vocabulaire du modernisme demeure, mais ses éléments, déjà abstraits, sont complètement et définitivement coupés de toute référence au réel.

Dans cet hypermodernisme, le moderne n'est jamais rejeté. Il est simplement remplacé par son double formel. La transformation de la ville moderne illustre bien ce processus. Paris, Boston et New York ne changent pas. (C'est la caractéristique du modernisme que de précipiter le changement – élargissement des rues, remplissage des terrains vagues, construction de monuments). Les villes deviennent simplement leur double formel. Enfermées dans l'univers post-industriel, transformées en parcs thématiques du moderne, on s'y rend pour contempler les vestiges du public, comme le métro ou les parcs, et du social, comme par exemple dans les cafés ou les théâtres. De la même façon, l'art est remplacé par son double, par des objets et des images dupliquant «l'effet d'art».

On atteint à l'univers du double en transformant chaque élément en modèle de lui-même. Le concept moderniste d'essence, dont le référent est la nature, est encore davantage réduit à l'état de modèle, où seule la forme, débarrassée de toute signification, demeure. L'univers du modèle devient ainsi la réalisation finale et brutale de l'impulsion moderniste vers l'idéalisme. Notamment, l'abstrait devient le réel, et l'environnement dans son ensemble devient un modèle de l'environnement. Toutes les autres réalités, et tout spécialement celles de la spécificité et de la transcendance, sont soit exclues, soit englobées par le modèle et transformées en modèles d'elles-mêmes. Il n'y a donc pas seulement la réalité du modèle, il n'y a plus d'autre réalité que celle du modèle. Par conséquent les promoteurs construisent des villes qui sont des modèles de villes, les architectes des bâtiments qui sont des modèles d'architectures, et les artistes des œuvres d'art qui sont des modèles de l'idée d'œuvre d'art. De la même façon, dans cet univers, grâce à la psychologie et à la physiologie, les êtres humains ne peuvent être que des modèles d'êtres humains, alors que les sondages d'opinion, les tests à choix multiples et les répondeurs téléphoniques établissent que la communication ne peut être qu'un modèle de communication.

La force opératoire qui gouverne la constitution de ce monde du double et du modèle, c'est le pouvoir du principe de communication. Les vestiges du déplacement physique s'inscrivent dans les systèmes de circulation, qu'il s'agisse des automobiles, des piétons ou des marchandises. Le savoir moderniste devient information ; celle-ci est véhiculée par la télévision, les hebdomadaires et les circuits électroniques des ordinateurs. La métaphysique devient cette circulation sans fin de signes à travers les conduits d'un espace mental irréel.

L'hypermodernisme se définit finalement par la clôture et la circularité. La nature moderniste est enfermée dans la réserve naturelle et dans le parc d'attractions. La ville moderne est ceinturée par les autoroutes, nichée à l'intérieur du réseau circulatoire de la subdivision. Et la terre elle-même, définie à l'origine en tant que globe par le modernisme, est encerclée, à l'ère hypermoderne, par les orbites des satellites artificiels et leurs détecteurs électroniques.

Dans le modernisme, le signifiant était détaché du signifié – mais cela procédait d'une volonté de conférer du pouvoir et de redonner vie au signifiant. Dans l'hypermodernisme, le signifiant n'est pas seulement donné au signifié, il peut s'attacher à une séquence infinie de signifiés. Mais cette situation hypermoderne définit un hermétisme encore plus total que celui du modernisme. Aucune signification n'est finale, et les signifiés se perdent les uns les autres dans un cercle sans fin. Le cercle est le métasigne de l'hypermoderne.

Publié pour la première fois dans *Peter Halley, Collected Essays, op. cit.*

Réponse au : «Le sublime, c'est maintenant» de Barnett Newman

Le quadrillage n'a pas de mémoire. Il n'y a là que des positions définies numériquement et des vitesses temporairement calculées. Quand un événement disparaît du quadrillage, la structure implacable de ce dernier l'avale et ne laisse aucune trace de son existence. Sur le quadrillage, il n'y a pas de monuments. Le quadrillage lui-même est un monument à l'infini de sa propre nature circulatoire.

Quand la New York moderne fut planifiée au début du XIXe siècle, des lois imposaient aux propriétaires le nivellement des collines dépassant une certaine hauteur. On servait ainsi deux objectifs : premièrement, aucune pente, aucune colline ne devait gêner la circulation ; deuxièmement, aucune caractéristique du terrain ne devait provoquer la mémoire. S'il n'y a pas de collines, il ne peut y avoir d'endroit où tel ou tel événement a pu se produire telle ou telle nuit : pas de *Bunker Hills*, pas de Montmartre. Tous les référents naturels devaient systématiquement disparaître du paysage. (De la même façon, plusieurs cours d'eau et même le lac en-dessous de Canal Street furent supprimés).

Il n'y a sur le quadrillage que la présence du mouvement sans fin, le flux abstrait des marchandises, du capital et de l'information. Tout est interchangeable. On ne peut se souvenir de rien dans la mesure où tout peut être remplacé. L'existence ne se définit qu'en termes de position. Si celle-ci est perdue, l'existence disparaît.

La mémoire devient information quand elle s'intègre aux quadrillages des enregistrements électroniques et photo-chimiques. Ici, le temps passé et le temps futur sont pulvérisés par les mécanismes ésotériques de la culture du divertissement. Nous regardons une photographie de cinéma, tirée l'année dernière d'un film de 1932, dont l'histoire se déroule dans un futur appartenant déjà au passé. Les jeunes acteurs sont vieux ou sont morts, les costumes du futur sont démodés. Le passé et le futur s'annulent dans cette équation temporelle qui ne laisse subsister que le présent.

Finalement, c'est la mort qui disparaît. Les corps sont escamotés. Les définitions de la vie et de la mort deviennent floues. Des éléments de remplacement prolongent la vie alors que la reproduction des médias étend sa visibilité. Mais la vie elle-même est simultanément remplacée par les exigences du quadrillage : vitesse, circulation et échange.

Voici l'origine du «Maintenant» de Newman. C'est aussi le «Maintenant» de l'existentialisme et des diverses psychologies expérimentales américaines des années cinquante et soixante. C'est le même «Maintenant» que celui de la présence chaotique de la poésie *beat* et du *free jazz*.

Après la mort de Newman, Warhol a dit que Newman était la seule personne qui allait à plus de réceptions que lui. Warhol pensait que, dans la mesure où Newman peignait si peu de lignes, il avait le temps de sortir le soir. Warhol lui aussi est prisonnier du présent. Comme il n'a aucune mémoire, il passe son temps à prendre des photographies.

Michel Foucault, lui aussi, atteste cette coupure avec la mémoire. Son travail reconstituant une Histoire amnésique, une Histoire consacrée uniquement au moderne, qui, dans sa méthodologie, dépendait de ces obscurs enregistrements d'archives, substituts de la mémoire à l'ère moderniste. Son travail était dramatiquement coupé de tout passé antérieur à l'ère moderne. Son Histoire ne débute qu'à la Renaissance, au moment où l'information enregistrée commence à remplacer la mémoire, et exclut toute approche des cultures orientales, tribales ou pré-modernes.

C'est à la fin que s'opère le changement. Foucault redécouvrit la mémoire lors de sa méditation finale sur la sexualité dans la Grèce antique. L'extase torturée du présent, qui avait été prédominante dans tout son travail jusque-là, est alors remplacée par l'extase de la mémoire des temps anciens, du cortège de la vie organique. Foucault aurait-il fait volte-face au dernier moment ?

Publié pour la première fois dans *Arts Magazine*, (New York), vol. 60, n° 7, mars 1986.

Notes sur l'abstraction

Il y avait les grands, Euclide, etc.,
mais aujourd'hui
tout le monde doit essayer d'interpréter
l'énigme de la technologie.

Paul Virilio

Le temps est venu de cesser de faire sens – de remplacer l'Histoire par une myriade de théories échevelées sur le post-, le para-, le quasi- et le super-. L'Histoire a été vaincue par les déterminismes du marché et des chiffres, par les processus de réification et d'abstraction. Ceux-ci constituent le maelström de la modernité qui a détruit l'Histoire en l'absorbant, en transformant chaque concept indépendant de l'Histoire afin de servir son propre propos. Il faut faire appel à un autre type de réponses. Des idées qui elles-mêmes changent ou se dissipent quand elles sont absorbées, qui sont formulées avec la conscience de leur réification imminente. Seul est possible un repli stratégique basé sur les idées de la guerilla qui permettent de retourner dans la jungle de la pensée et de réapparaître sous d'autres déguisements ; des idées fantastiques et excentriques, apparemment inoffensives et donc admises, échappant à la vigilance des médias ; des idées de doute se moquant de leur propre vérité et qui ne sont alors pas détruites quand on les manipule ; des idées nihilistes, rejetées car trop déprimantes.

*

«C'est comme si les «bébés de la guerre», ceux qui sont nés après 1937-1938, étaient «nés morts» pour employer une expression chère aux *Hell's Angels*. La philosophie de la «réalité» a pris fin peu après le largage des bombes sur Hiroshima et Nagasaki, et les esprits se sont alors refroidis[1]».

*

La pensée marxiste a toujours supposé que la destruction des prétentions de la culture humaniste favoriserait une réalité plus sensible et plus cohérente que celle de l'illusionnisme humaniste. Ce ne sont cependant pas les vérités du matérialisme qui se cachaient derrière le masque de l'humanisme, mais les scénarios cauchemardesques de la logique et du déterminisme. Emerge alors un monde cristallin qui n'est plus sensible qu'aux impératifs numériques, à la manipulation formelle et au contrôle financier.

*

«Prenons par exemple les deux cents agents travaillant à la réservation générale pour *Pacific Southwest Airlines* à San Diego. La compagnie aérienne avertit ses agents qu'ils sont assujettis au «contrôle électronique de la productivité et à l'écoute téléphonique». En clair, cela signifie que les agents sont surveillés par ordinateur à partir du moment où ils branchent leur casque jusqu'au moment où ils quittent leur travail. Chaque appel est censé durer 109 secondes, en moyenne, avec une interruption de 11 secondes environ, entre chaque appel, qui doit être consacrée au travail de bureau. L'ordinateur surveille aussi les pauses et le temps imparti au déjeuner. Les agents encourrent un blâme s'ils sont «débranchés» pendant plus de 12 minutes d'affilée [2]».

*

Le capital s'est toujours présenté comme une culture du flux, basée sur les idées de changement, d'évolution et de développement. Mais le capital est, en fait, un univers statique, gouverné par des principes immuables se perpétuant eux-mêmes, repoussant graduellement mais inéluctablement toute autre réalité dans un processus de purification sans cesse croissant. Ironiquement l'univers du capital pur, caractérisé par le modèle, la vérité numérologique et les relations abstraites, est une sorte d'accomplissement de la philosophie idéaliste. Mais il se trouve que le monde de l'essence n'est pas dominé par l'Esprit mais par le produit. Le monde abstrait ne relève pas de l'utopie, mais de l'aliénation et de la banalité.

*

Telle est peut-être la signification réelle de la culture américaine : l'image de l'immigration par delà l'océan, du voyage au-dessus du plan de l'eau. Le voyage a entamé un processus d'abrasement grâce auquel, par le passage au-dessous d'un plan abstrait, la spécificité de l'Europe pouvait être désengagée, laissant toute latitude aux lois du capital.

*

Cela ne veut pas dire pour autant que l'Amérique est le futur. Au contraire, l'Europe est aujourd'hui, le véritable lieu de la science-fiction. C'est l'évidence : les voitures y sont plus rapides, la conception des biens est plus rationnelle, les marchés financiers sont plus souples. Même l'Europe en tant que site nostalgique de l'authenticité accuse sa dimension science-fictionnelle, comme si le temps avait oublié le continent. La Seconde Guerre mondiale a entraîné un autre type de coupure avec le passé.

*

«Des programmes intitulés «vers de terre» peuvent modifier les opérations fondamentales d'un système ou le mettre complètement hors fonction. Ils effacent certaines portions précises de la mémoire d'un ordinateur, créant ainsi un trou dans l'information. Un autre type de démon informatique, le «virus», demande à la machine-hôte de restituer ses programmes. Chaque fois que la machine s'exécute, le programme se copie lui-même sur le logiciel. La mémoire de l'ordinateur peut vite atteindre la confusion totale [3]».

*

Valeur d'usage et valeur d'échange. L'idée de changement dans le capitalisme est basée sur l'idée que la conscience, à l'intérieur du capital, peut changer qualitativement. Ce changement repose sur l'idée qu'on est passé d'une société dominée par la valeur d'usage (où les hommes étaient des hommes et les chevaux des chevaux) à une société dominée par la valeur d'échange, dominée par l'illusion et la manipulation. Mais à quand remonte cet âge d'or de la valeur d'usage ? Ne peut-on pas considérer qu'il y a là une simple invention idéologique du XIXe siècle ? Après tout, la naissance du capitalisme moderne à la Renaissance était basée sur le commerce des produits de luxe, de la soie et des épices. Elle était basée sur l'invention des lettres de change. Les premiers objets produits en série furent les livres.

*

«Les manufactures alignent l'une après l'autre leurs briques salies, leurs façades nues, leurs fenêtres sans volets, comme des prisons économiques et colossales... C'est là que sous la lumière du gaz, au roulement assourdissant des métiers, des milliers d'ouvriers, parqués, enrégimentés, immobiles, tous les jours, tout le jour, poussent machinalement leur machine [4]».

*

Dès la Renaissance, certaines caractéristiques structurelles du capital apparaissent qui demeurent inchangées jusqu'à aujourd'hui, même si elles n'ont jamais cessé de s'intensifier. Ces outils se basent sur le principe d'une cassure des limites inhérentes au temps et à l'espace, et leur remplacement par des définitions plus malléables. L'un des paradigmes de ces outils est la lettre de change qui permet à un marchand d'acheter ou de vendre des marchandises dans une ville, en l'assurant que le paiement peut avoir lieu ailleurs et plus tard. Au même moment se forment les premières compagnies commerciales dont les membres sont liés par les intérêts économiques plus que par les relations familiales. C'est aussi le moment où les réseaux de transport se développent, pour diminuer la durée des voyages et du déplacement des denrées d'un endroit à un autre. La constante a été de faciliter la manipulation du temps, les espaces spécifiques étant devenus plus interchangeables. Le principe directeur a été le remplacement de toutes les autres instances par le pouvoir du marché.

*

«Qu'un sauvage américain vienne au Palais-Royal, en une demi-heure, il serait magnifiquement paré, aurait une maison richement meublée, un attelage, de nombreux serviteurs, vingt couverts sur sa table, et, s'il le souhaitait, une Lais resplendissante mourant à tout moment d'amour pour lui. Là sont assemblés tous les remèdes à l'ennui et tous les divins poisons pour la santé spirituelle et physique, tous les moyens pour escroquer ceux qui ont de l'argent et tourmenter ceux qui en sont dépourvus, tous les moyens pour jouir de et tuer le temps. On pourrait passer sa vie entière au Palais-Royal et, comme dans un rêve enchanteur, dire avant de mourir : «J'ai tout vu, tout connu [5]».

*

Si le capital est statique, comment peut-on justifier l'apparition du changement à l'intérieur du capital ? Alors que les forces de base du capital demeurent statiques et cherchent à asseoir leur pure hégémonie, l'économie des valeurs, quant à elle, change. Le niveau d'aliénation s'intensifie en même temps que s'affirme, chaque fois davantage, la domination du capital. La notion d'un capitalisme classique, qui aurait existé au XVIIe siècle, appelle aussi un examen minutieux. L'idée d'un capitalisme classique deviendrait ainsi un capital épuré du futur plutôt qu'un capitalisme rudimentaire du passé.

*

«Le modèle biologique n'était pas le mieux approprié pour tracer l'histoire des choses. Un système métaphorique, issu des sciences physiques, aurait peut-être mieux couvert la situation de l'art que les métaphores biologiques qui lui furent préférées : ceci tout spécialement si nous traitons d'un art basé sur la transmission d'une certaine énergie ; avec des impulsions, des centres générateurs et des points de relais ; avec des augmentations et des pertes en transit ; avec des résistances et des transformateurs dans le circuit. En bref, le langage de l'électrodynamique aurait pu être un meilleur mentor que Linnaeus en ce qui concerne l'étude de la culture matérielle [6]».

*

L'apparition du changement dans le capitalisme est due à deux facteurs. En premier lieu, l'augmentation des recettes provoque un changement dans la physionomie des institutions. Ainsi, un ensemble de maison du XVIIe siècle à Amsterdam diffère de la *Co-op City* à New York. La Florence de la Renaissance diffère du Tokyo de la fin de ce siècle. La vitesse d'une diligence n'est pas la même que celle du Concorde. Mais sur le plan structurel, chacun de ces phénomènes reste cohérent avec son prédécesseur. En second lieu, chaque étape du développement technologique et social représente un pas supplémentaire dans l'abstraction : une consolidation des liens entre le but à atteindre et la nature matérielle, un renforcement du lien entre la technologie et l'abstraction de la pensée rationnelle.

*

En restant à l'intérieur des exemples fournis par l'évolution des moyens de transport, on observe une progression qui va du voilier au bateau à vapeur et au sous-marin nucléaire. Dans le domaine de l'argent, on passe de la pièce en métal précieux (avec l'effigie du roi) au papier monnaie (portant les symboles de l'Etat) et à la carte de crédit en plastique (portant le logo de l'entreprise).

*

«Chez Ed Debevic» est un petit restaurant loufoque des années cinquante où les cuisiniers se penchent au-dessus de la viande hachée, où les serveuses portent des chaussures à éperons ; un signe bigarré y annonce, «*Ed Chili Dog : the Cadillac of Chili Dogs*». A un demi mile au sud se trouve «*Shaw's Crab House*», un entrepôt de fruits de mer mal éclairé rappelant les vieux bâtiments fréquentés par les gangsters dans les années quarante. Au nord de la ville, un «Grand Café», avec sa décoration de cuivre et ses peintures, recrée la gaieté fin de siècle d'un bistro parisien. Bien que très différents, ces restaurants hauts en couleurs ont deux choses en commun : les gens font généralement la queue pour y entrer, et leur propriétaire est Richard Melman, un imprésario irrévérencieux de quarante quatre ans... Afin d'obtenir la bonne atmosphère, M. Melman décrit chaque restaurant comme si chacun d'entre eux était un film. «Chez Ed Debevic», nous sommes en 1952, année où l'adolescence n'est pas encore sauvage, où Elvis Presley n'est pas encore un géant. Ed, personnage de fiction, était polonais et a ouvert son restaurant après avoir fait la Corée [7]».

*

Cette idée d'abstraction progressive combinée à l'augmentation numérique progressive peut être caractérisée par le terme hyperréalisation. Ce terme est généralement utilisé pour décrire le bond entre la culture industrielle (le réel) et la culture post-industrielle (qui est hyperréelle). On pourra cependant dégager de cette chaîne d'événements une séquence qui montre de façon globale la progression des époques dans l'histoire du capital. Chaque époque devient une hyperréalisation de la précédente, à qui on confère alors la valeur de réalité.

*

Le processus d'hyperréalisation peut être parfaitement compris dans un simple paysage urbain – comme par exemple celui de New York. La rangée de maisons où les étages sont desservis par un escalier est hyperréalisée quand elle devient un grand immeuble avec ascenseurs. Les couloirs, les installations de plomberie et les systèmes électriques des immeubles d'habitation se multiplient et créent de nouvelles configurations à l'image de nouvelles hyperréalités de la population, de l'économie et de la technologie. De la même façon, les immeubles de bureaux sont transfigurés. L'échelle passe de l'immeuble commercial à quatre ou cinq étages aux premiers gratte-ciel, comme le *Woolworth Building* ou le gigantesque *World Trade Center*. On passe de matériaux, comme la brique, le bois, la pierre, à l'acier, au verre et aux panneaux synthétiques. Les premières tours de bureaux accentuaient le relief de leurs façades – permettant à la lumière et à l'ombre de jouer dramatiquement sur leurs surfaces. Après la guerre, les murs-rideaux deviennent de plus en plus plats, de plus en plus réfléchissants et glacés. Le passage de la lumière a moins d'importance et l'intérieur des bâtiments est caché à la vue (par la surface réfléchissante) : à un niveau symbolique, la tour de bureaux devient une réalité autonome.

*

Cette idée d'hyperréalisation est particulièrement utile quand il s'agit d'analyser l'art du XXe siècle. On peut considérer le cubisme comme une hyperréalisation de Cézanne, ou Cézanne, de la même façon, comme une hyperréalisation de Courbet. De même, on peut comprendre l'expressionnisme abstrait comme une hyperréalisation du modernisme européen d'avant-guerre, ou Frank Stella comme une hyperréalisation de l'expressionnisme abstrait. Chaque transition reflète un mouvement vers une abstraction, au sens social du terme, de la forme antérieure. Ainsi, à chaque étape, la forme devient à la fois plus vide et plus générique. Dans certains cas, comme l'expressionnisme abstrait, l'augmentation de l'échelle est même conçue pour suivre celle, évidente, du paysage social.

*

«La conception moderne de l'homme en tant que machine possède un accent plus économique que biologique. Elle fait davantage référence au robot humain qu'à l'animal humain et suggére un contrôle efficace des mouvements trop coûteux du corps, une soumission à quelque objectif externe auquel l'individu est indifférent... [8]»

*

L'hyperréalisation offre aussi une alternative utile aux concepts polaires d'influence et d'appropriation. Si l'idée d'influence implique une relation historique consciente entre une génération d'artistes et la suivante, et si l'appropriation nie justement ces idées basées sur la hiérarchisation historique et la possibilité de transgression, l'hyperréalisation, quant à elle, implique bien l'avènement du changement dans le domaine culturel. Cependant, ces changements ne dépendent pas de la volonté de l'artiste, mais du mouvement social. L'hyperréalisation différerait, d'ailleurs, de l'idée psychanalytique «d'interprétation erronée» selon laquelle une lutte œdipienne entre générations peut être source de changements. Sans tenir compte de l'existence possible de tels conflits œdipiens, l'hyperréalisation suggère que le changement culturel d'une génération à l'autre dépend de forces sociales, déterministes et extra-individuelles.

*

L'hyperréalisation permet aussi d'expliquer l'obsession du «nouveau» qui caractérise cette culture. On dit parfois que le «nouveau» est lié au concept d'originalité. Mais le «nouveau» est plus profondément lié (comme peut-être le culte de l'originalité lui-même) au processus d'hyperréalisation. Le «nouveau» représente l'état hyperréalisé de ce qui précédait. Ainsi, les produits de consommation sont souvent présentés comme «nouveaux» pour leur donner l'aura d'hyperréalisation. Périodiquement, on dit de certains mouvements culturels qu'ils sont «nouveaux» ou nouvelle vague – dans les domaines de la musique, de la danse, de la littérature (il y a même un nouvel humanisme). De telles étiquettes annoncent la venue d'un phénomène qui se veut l'hyperréalisation de la norme culturelle antérieure. Le préfixe *pop* (comme dans *pop-culture*) fonctionne de la même façon.

*

«Les grands héros et héroïnes du mythe de la modernité appartenaient à la petite bourgeoisie. Ils ont semblé à bien des égards n'appartenir à aucune classe, comme exclus de la bourgeoisie et du prolétariat pour cependant profiter de cette absence d'appartenance. C'étaient des décalés de la société de classes, ceux qui connaissaient ses limites et ses friches. Ils furent ainsi pour un temps les alter-ego de l'avant-garde, traités avec ironie, bien sûr, et condescendance, on se moquait d'eux, mais on en dépendait quand il s'agissait de s'insérer dans une vie moderne [9]».

*

Alors que le processus d'hyperréalisation mène inéluctablement à la fin du système capitaliste, toutes les anciennes catégories organiques commencent à perdre leur signification. Les dualités traditionnelles vie-mort, homme-femme, s'évanouissent. Il n'y a plus aujourd'hui d'hommes et de femmes, en dépit du renouveau apparent de ces catégories lors de cette dernière décennie. En fait, Sylvester Stallone n'est pas un mâle, il n'est que le signe générique de l'idée de mâle, alors que Madonna n'est qu'une séquence des diverses représentations nostalgiques de la femme.

*

De la même façon, les pôles vie-mort basculent dans la non-vie et la non-mort. Plus personne ne vit ou ne meurt. La possibilité de vie est niée par la contrainte du temps mécanique et de l'enrégimentation, à la fois physique et temporelle. La mort, quant à elle, est remplacée par la disparition et niée par la manipulation du temps dans les médias.

*

En ce qui concerne les arts visuels, l'idée prédominante du début des années soixante-dix était le développement d'une culture post-capitaliste. On pensait que le produit et l'état d'esprit qui y était lié seraient remplacés par la performance et les interventions sur des sites spécifiques. L'artiste travaillerait en temps réel, proposant alors l'exemple d'un travail non-aliénant. L'artiste jouerait jusqu'au bout le rôle du sujet libre, qui devrait alors faire des émules partout ailleurs dans le champ du social. Mais les années soixante-dix ne représentaient pas l'apparition d'une nouvelle conscience, mais bien plutôt la dernière expression incandescente du vieil idéalisme de l'autonomie. Par la suite, le temps ne serait plus réel, aucun travail ne relèverait de la vie, aucune expression culturelle ne pourrait échapper au système de production.

*

Les artistes des années soixante-dix cessèrent de vivre dans les environnements urbains traditionnels pour investir des espaces industriels sous utilisés comme Soho à New York. Ce faisant, ils rejetaient tous les problèmes de l'ordre urbain capitaliste et s'inventaient une nouvelle culture dans des bâtiments où personne jusqu'ici n'avait vécu. Il n'y avait plus là d'appartements bourgeois, seulement des «espaces» ouverts. La nourriture américaine commerciale, dangereuse, serait remplacée par la cuisine macrobiotique, génératrice de vie. Mais ce type de «rénovation», ignorant la fonction commerciale des vieux bâtiments de lofts pour seulement en changer l'appréhension formelle, fut en fait un facteur déterminant dans la transformation de la ville en son double, vide. La banlieue, qui avant entourait la vieille ville «moderne», commençait alors à prendre racine, comme un virus né en son centre, alors que ces espaces se transformaient en cités-dortoirs.

*

«[Howard Hugues] fut le premier à fermer le cercle vide, dans les années trente, avec son «*Lockhead Cyclone*», il faut noter qu'il ne s'agit pas d'un mystère ou d'un fantôme, mais d'un cyclone... Il revenait au même endroit : New York. Howard Hugues fut le Linbergh de la fin du monde, un héros du post-modernisme. Après s'être énormément investi dans l'aviation, il monta des studios de cinéma. Il était impliqué dans tout ce qui, à cette époque, avait un rapport avec la vitesse : l'avion et le cinéma. Il essaya de jouir de son omniprésence dans le monde. D'abord, il avait plusieurs appartements dans le monde entier, tous décorés de la même façon. Tous les jours on lui servait le même repas, en lui apportant le même journal.

Puis la situation devint insupportable et quand il finit moine technologique dans le désert de Las Vegas, il ne quittait plus son lit. Il a passé les quinze dernières années de sa vie enfermé dans un hôtel, à regarder des films, toujours les mêmes, surtout un vieux film américain sur la vie d'une équipe bloquée dans le «*Ice Station Zebra*» au Pôle Nord. Il l'a vu cent soixante quatre fois [10]».

*

Le crédit à la consommation avait acquis une banque d'investissement et une maison de courtage. Les besoins de la maison de courtage nécessitaient la construction d'un nouveau bâtiment pour le système informatique. L'entreprise avait tout d'abord songé à le construire en banlieue, où les coûts étaient moindres, mais un emplacement fut choisi en centre ville après l'offre gratuite de la municipalité. Le bâtiment fut nommé le Centre des Services Financiers. Il était près de l'autoroute, pour faciliter l'accès automobile. Des escaliers roulants doubles permettaient d'accéder à l'ascenseur du premier étage. Le soir, des files de taxis attendaient les employés qui travaillaient tard. Mais ce centre informatique était aussi situé dans une zone où des bâtiments industriels avaient été transformés en immeubles résidentiels. Ainsi, des «aménagements agréables» furent requis pour la «communauté». Près du bâtiment, de style moderne, recouvert de plaques de béton préfabriquées, face à l'ère de stationnement, on aménagea un petit parc, avec pelouses, lampadaires du XIXe et un petit pavillon en treillage appuyé sur des colonnes néo-classiques blanches. Plusieurs poteaux métalliques furent disposés autour du parc, au design fonctionnel, sans décoration historique, surmontés d'une caméra vidéo de surveillance, dans un boitier en émail beige à l'épreuve des balles.

*

Il y a un certain effondrement des deux pôles constitués par le capital et le travail. Le chef d'entreprise est prisonnier de la situation des bénéfices et de la cote en bourse. Les titres de l'entreprise peuvent être gérés par de nombreuses institutions dont, peut-être, les fonds de retraite, représentant théoriquement le monde du travail. De la même façon, pour le travail, dans la mesure où il est lié à l'idée de consommateur, on observe une tendance au nivellement des hiérarchies. Andy Warhol disait : «Vous voyez Coca-Cola en regardant la télévision et vous savez alors que le président boit du Coca, que Liz Taylor boit du Coca, et vous vous dites qu'après tout, vous pouvez aussi boire du Coca.»

*

Il y a également un certain écroulement dans les hiérarchies du travail. La volonté de pouvoir est remplacée par la volonté de «glamour». Comme Warhol l'expliquait aussi en 1975 (avant la dérégulation des transports aériens) : «Les hôtesses de l'air ont une excellente image publique... En réalité, elles font le même travail que les servantes de Bickford avec quelques devoirs en plus... La différence, c'est qu'il sagit là d'un travail du Nouveau Monde, où ne subsistent plus aucuns stigmates du syndrome aristocratique et paysan du Vieux Monde.» Mais plus important encore, ceux qui sont à la tête du système – les «capitaines d'industrie», les producteurs de divertissements populaires, les leaders politiques – n'opèrent plus, eux-mêmes, en champ libre. Eux aussi sont prisonniers de la démographie, de l'électronique et des forces du marché.

*

La vie a été remplacée par ce que Debord appelle le «non-vivant». C'est l'espace du travail mort où la vie ne suit plus son cours normal et s'aliène d'elle-même. Le rôle du vivant est confié aux célébrités qui incarnent l'idée d'autonomie avec son libre champ d'action. La vie n'est alors plus qu'une image des médias. Les archéologues pensent que la société aztèque choisissait certains jeunes dans la noblesse, les choyant pendant une année avant de les sacrifier sur l'autel des dieux. Mais les pratiques de la société contemporaine ne sont pas moins sauvages. Quand quelqu'un devient une célébrité, sa vie n'en est pas moins littéralement balayée. Le temps organique de la célébrité ne sert plus qu'à créer l'image générique exigée par les médias. La star «renonce à toute autonomie afin de s'identifier à la loi générale d'obéissance au cours des choses».

*

L'idée même de temps organique est annulée et remplacée par un temps mécanisé, segmentarisé, digital (correspondant à l'espace du système). La mesure chronologique standard est celle de la vibration du cristal de quartz. L'existence est transférée à des moyens d'expression séquentiels, segmentarisés et linéaires : les enregistrements audio et visuels. D'abord le film remplace le temps organique par ses images séquentielles, au rythme mécanique.

La bande vidéo remplace le film, enfermant encore un peu plus la vie dans les lignes d'information magnétiques et codées. Pour l'enregistrement sonore, on passe du phonographe, où le son est lu mécaniquement par une pointe de lecture, à l'enregistrement sur bande magnétique et finalement au disque compact, où un rayon laser lit l'information codée digitalement. La constante purification du système lui confère une qualité paraspirituelle : le son vivant devient un amalgame alchimique de rayons lumineux et de chiffres.

*

Le même système, qui remplace la vie, remplace la mort. L'inscription du temps sur ces pistes linéaires permet de le stopper, de le répéter ou de le modifier à volonté. Grâce au cinéma et à la télévision, on peut présenter n'importe où et n'importe quand une scène du Londres des années trente. L'«action» ne meurt jamais, mais elle perd sa spécificité par rapport au temps et à l'espace. Warhol avait particulièrement bien compris ce processus. C'est ce qui l'a conduit à photographier, enregistrer et filmer en permanence. Ce faisant, il a repris à son compte le fonctionnement des médias, la transformation du moment organique en moment médiatique. Il est vrai cependant que, pour l'instant, nous sommes toujours conscients de la mort organique du corps physique. Mais cela est devenu un événement sans signification, une gêne. On espère que très vite, les corps se contenteront de disparaître, pour ne pas gêner la réalité du temps médiatique.

*

La vie et la mort perdent aussi toute signification métaphorique dans le champ culturel. Parler de la mort du modernisme revient à parler d'une fin organique dans une culture où la construction de l'organique s'est à la fois dispersée et cristallisée, où les concepts de fin se transforment en continuités séquentielles. La mort est remplacée par le processus d'hyperréalisation. L'art classique ne meurt pas. Il est hyperréalisé à l'intérieur du modernisme. A chacune de ses étapes, le modernisme, est à son tour hyperréalisé en quelque chose d'autre.

*

«Sur le Sony, une guerre de l'espace bidimensionnelle s'effaça derrière une forêt de formes générées mathématiquement, démontrant les possibilités spatiales des spirales logarythmiques ; séquence militaire bleu-acier brûlé, animaux de laboratoire branchés sur testeurs, casques se nourrissant sur les circuits de contrôle de tanks et d'avions de guerre. L'espace cybernétique... représentation graphique de données dérobées à toutes les banques de tous les ordinateurs de l'humanité. Complexité inimaginable. Traits de lumière agencés dans le non espace du cerveau, amas et constellations de données [11]».

*

Il y a des sous-entendus religieux dans ces exemples. Les systèmes numériques deviennent en tant que tels les garants d'une signification possible de notre culture. Il y a ainsi trois grands centres religieux aux Etats-Unis : Los Angeles, la nouvelle ville éternelle, la nouvelle Rome des médias, puis Las Vegas et Atlantic City, lieux de pélerinage où la populace part en quête de la vérité numérique. Los Angeles est la Rome des représentations des médias. A Beverly Hills, on a donné aux maisons des stars la splendeur figée des palais des cardinaux dans la Rome baroque. Les foules se pressent aux Studios Universal et à Disneyland pour rendre hommage à ces splendeurs de la réalité médiatique. Las Vegas et Atlantic City sont les hauts lieux de cette vision. Le peuple se teste face aux jeux numériques dans des casinos hors de l'espace et du temps. C'est là qu'on apprend la métaphysique, que les présages se révèlent et que les destins sont scellés.

*

«Retrouvez-vous en prenant un «*Kohler Masterbath*». Votre univers personnel consiste maintenant en six sensations climatiques (le sauna, le tourbillon, le soleil, la vapeur, le vent, la pluie), que vous appelez ou rejetez à volonté. Programmez votre climat à l'avance ou changez le au fur et à mesure [12]».

*

Parallèlement à la vie et à la mort, aux hommes et aux femmes, la sexualité cesse elle aussi d'être un facteur. Les années soixante et soixante-dix n'étaient pas tant une période de révolution sexuelle qu'une dernière démonstration de l'idée de sexualité avant que celle-ci ne s'effondre dans l'extase des chiffres. Foucault prétendait que l'Ancien Régime était une société de sang où le courage guerrier, la volonté de mourir au champ d'honneur, étaient les passions dominantes. Il affirmait que la culture bourgeoise avait inventé la sexualité, en mettant l'accent sur la procréation, la cohésion familiale et le plaisir sensuel. Si l'ère du sexuel débute à un moment de l'Histoire bien défini, il se pourrait bien qu'il en soit de même pour sa fin. Les passions charnelles ont aujourd'hui laissé place à des obsessions plus abstraites. L'érotisme de la vitesse, de l'automobile et de l'avion ; l'érotisme des chiffres, des marchés financiers, de l'ordinateur domestique ; et l'érotisme des médias, du walkman et de la télévision couleur.

*

«Ce qui semblait si mal venu dans l'environnement avait en fait créé un nouveau type de monde interne – un théâtre empêchant toute distraction et fixant l'attention sur ce que l'industrie appelle «le drame du détail». Parce qu'elle est coupée du rythme planétaire des jours et des saisons, parce que la direction exige que tout sans cesse paraisse nouveau, la galerie marchande est intemporelle, parce qu'elle est coupée de tout, la galerie marchande peut se trouver n'importe où. C'est un espace malléable dans un pays qui n'existe pas où se rejoignent l'idée d'approvisionnement et l'idée de divertissement [13]».

*

Tout au long du siècle, les artistes ont décrit la transformation du corps organique en machine. Les cubistes, les futuristes et Duchamp (dans *Le Grand Verre*) ont tous traité de ce problème. Les premiers travaux de Robert Smithson illustrent l'obsession de la chair comme armure, avec des accessoires organiques devenant des tubes rivetés. Warhol, bien sûr, disait qu'il voulait être une machine. Les artistes conceptuels sont allés plus loin, en créant un art dont le processus s'apparentait à celui de la machine. Hanne Darboven se transforme en ordinateur perdu dans ses propres calculs, Roman Opalka en horloge digitale humaine. Sol LeWitt a devancé le marché des programmes informatiques, à Wall Street, avec ses sculptures programmées.

*

Tout ceci reflète bien la disparition littérale du corps humain au cours de ce siècle. La figure humaine devient la figure statistique. La chaîne de production substitue le mouvement mécanique au mouvement organique. En médecine, les organes humains sont remplacés par des organes électro-mécaniques. On absorbe des pillules, dont l'aspect relève toujours du symbolisme le plus pur, tant dans la géométrie que dans les couleurs, pour changer les fonctions métaboliques ou l'humeur. La génétique, bien sûr, va encore plus loin. Non seulement la vie s'explique en tant que données numériques, mais elle est sujette à des manipulations techno-mécaniques par lesquelles les lois de la production remplacent finalement la reproduction. Chaque vie humaine devient une statistique, dont l'utilité démographique servira à déterminer la politique des gouvernements, les stratégies commerciales et le tarif des assurances. C'était auparavant l'apanage de l'ouvrier que d'être soumis à la machine. C'est aujourd'hui le corps social dans son ensemble qui se soumet volontairement au même type d'enrégimentation. Il y a l'acier chromé des machines du club de gymnastique, les espaces géométriques et fermés de l'automobile et le fonctionalisme du style international.

*

Sol Yurick, dans son livre *Metatron*, a écrit sur ce système d'un point de vue que l'on pourrait qualifier de structuralisme à l'envers. Selon lui, ce ne sont pas les archétypes anciens, naturels, qui influencent le système actuel, mais ce serait le capital lui-même, en tant qu'archétype formel parfait, qui opérerait seul dans les structures de pouvoir traditionnelles. Le présent se résume alors, au libre jeu des systèmes électroniques et financiers, débarrassé à jamais des mythologies et du symbolisme traditionnels.

*

En dépit de Baudrillard, il convient de noter que la signification de la simulation est davantage la somme des recherches des années soixante que la conclusion de découvertes originales. Dans le domaine critique, la simulation est une synthèse du spectacle de Debord et des recherches sémiotiques de Roland Barthes. Mais ses précédents dans les arts des années soixante n'en sont pas moins clairs : Les Beatles, après tout, chantaient: «Des champs de fraises, rien n'est réel, rien à quoi se raccrocher». Warhol disait : «Plus rien ne faisait problème, car un problème ne signifiait rien d'autre qu'un bon enregistrement, et quand un problème se transforme en bon enregistrement, ce n'est plus un problème.» La contribution-clef de Baudrillard, c'est sa description détaillée du conditionnement d'un système sémiotique sans référent.

*

«La combinaison d'obscurité et de clôture dans la salle de jeux et de ses espaces annexes favorise l'intimité, la sécurité, la concentration et le contrôle. Le complexe labyrinthique avec son plafond bas ne reçoit jamais de lumière extérieure et ne donne pas sur l'espace au-dehors. Ceci désoriente l'occupant : il y perd la notion de l'espace et du temps. Le temps semble sans limites parce que la lumière de midi et celle de minuit sont exactement les mêmes. L'espace paraît sans limites parce que l'éclairage artificiel obscurcit plus qu'il ne définit les contours [14]».

*

L'ensemble du corps social est progressivement intégré aux grilles électromagnétiques de l'ordinateur. Du téléphone au contrôle aérien en passant par la banque, tout le flux des communications, des mouvements et des échanges est canalisé dans les circuits digitaux. Le micro-processeur devient le passage obligé de toute chose. Grâce aux graphiques informatiques, à la musique et aux voix synthétisées, l'ordinateur se permet même de reconstituer une réalité spécifique selon ses propres lois digitales.

*

On ne sait pas vraiment jusqu'à quel point chaque individu se trouve lié au réseau de la communication informatique. Le téléphone est cependant l'un des éléments de l'énorme réseau électronique qui couvre le monde entier. Plus important encore, les cartes de crédit, remplaçant l'autonomie relative de l'argent liquide, soumet une immense partie de la population à un esclavage de la dette informatique. La possiblité de crédit, de payer n'importe où et n'importe quand, attire la clientèle. Mais si les paiements n'ont pas lieu, une espèce de colère passive s'abat sur l'usager qui est alors exclu du système. Il se retrouve dans une détresse aussi grande que celle du chrétien excommunié au Moyen Age.

*

Le social devient ainsi le lieu de la «pure abstraction». L'individu n'est plus seulement un nombre, mais un ensemble de nombres, chacun le liant à une matrice différente de l'information. Il y a le numéro de téléphone, le numéro de sécurité sociale et le numéro de la carte de crédit. Les marchés financiers, ces arènes gigantesques de la guerre abstraite, se sont complètement détachés du monde matériel. Les frontières nationales s'écroulent. Les marchés sont gouvernés par des impératifs techniques, par le commerce informatiquement contrôlé. Le héros du marché n'est plus l'ingénieur, toujours engagé dans la technologie pratique, mais le magicien de la finance, le «broyeur de chiffres», le manipulateur des forces purement abstraites.

*

C'est aussi au niveau de l'expérience que le social se meut sur les grilles de circulation, encastrées les unes dans les autres. Chaque jour, le «banlieusard» se déplace de son domicile à sa voiture, à son bureau. Le voyageur passe du réseau urbain au réseau autoroutier transcontinental et au réseau aérien – et vice versa. Le plaisir sensuel est remplacé par le plaisir abstrait. L'ambiance remplace la nourriture. L'espace est remplacé par des «aménagements agréables».

*

L'histoire de l'art abstrait reflète l'histoire de cette transformation. Avec Cézanne, la matérialité de l'objet prend fin, de façon poignante. Le cubisme transforme la culture naissante du produit, dans ce nouveau XXe siècle, ainsi que ses habitants, en un monde gris de plans et de vecteurs abstraits. Mondrian, une décennie plus tard, écarte toute référence à la spécificité et voit le monde comme une grille utopique de forces et de flux abstraits, l'expressionnisme abstrait met quant à lui l'accent sur l'aliénation générée par le système. L'espace systémisé est révélé comme vide de sens. C'est, par exemple, cette réalité qui emplit les espaces vides de Rothko. Ainsi, l'histoire de l'art abstrait est l'histoire d'une progression effective dans le social. C'est l'histoire de l'organisation des espaces compartimentés et des systèmes formels constituant l'univers abstrait.

Publié pour la première fois dans *Arts Magazine*, (New York), vol. 61, nº 10, juin / été 1987.

Notes

Le mouvement beat, le minimalisme, le New Wave et Robert Smithson

1. Jeffrey Deitch, «Report from Times Square», *Art in America*, vol. 68, nº 7, septembre 1980.
2. John Berger a utilisé le terme de «normalisation» pour définir le processus de retranchement social et politique qui a eu lieu, après 1968, dans le monde occidental. John Berger, «Beetween Two Colmars», *About Looking*, New York, Pantheon Books, 1980.
3. Robert Smithson, «Entropy and the New Monuments», *Artforum*, juin 1966. *The Writings of Robert Smithson*, Nancy Holt ed, New York, New York University Press, 1979.
4. *Ibid.*
5. Ronny Cohen, «Energism», *Artforum*, septembre 1980.
6. «Entropy and the New Monuments», *op. cit.*
7. *Ibid.*
8. Smithson, «Interview with Robert Smithson for the Archives of American Art, Smithsonian Institute» (entretien avec Paul Cummings, 14 et 19 juillet 1972), dans *The Writings of Robert Smithson, op. cit.*
9. Allen Ginsberg, *Howl and Other Poems*, San Francisco, City Lights Books, 1956.
10. *Ibid.*
11. «Interview», *op. cit.*
12. William Burroughs, *The Soft Machine*, New York, Grove Press, 1961.
13. Smithson, «Conversation with Robert Smithson on April 22, 1972 (entretien avec Bruce Kurtz»), *op. cit.* Toutes les citations qui suivent sont tirées de cet entretien.

Contre le post-modernisme : une relecture d'Ortega

1. Clement Greenberg, «Modernist Painting», *The New Art*, Gregory Battcock ed., New York, E.P. Dutton, 1973.
2. Les citations d'Ortega proviennent de deux sources : *The Dehumanization of Art,* (1925), Princeton, Princeton University Press, 1968 et *The Revolt of the Masses*, (1930), New York, W.W. Norton and Co., 1932. (à paraître aux éditions Klingsieck).
3. Leo Steinberg, *Other Criteria*, Oxford University Press, 1972.

4. Les citations de Ad Reinhardt sont extraites de *Art-as-Art : The Selected Writings of Ad Reinhardt*, Barbara Rose ed., New York, Viking Press, 1975.
5. Les citations de Warhol sont extraites de *Andy Warhol, ma philosophie de A à B,* Paris, Flammarion, 1977.
6. Benjamin D. Buchloh, «Figures of Authority, Ciphers of Regression», *October*, n° 16, printemps 1981.
7. The Talking Heads, «Crosseyed and Painless», *Remain in Light*, New York, Sire Records, 1980.
8. Gang of Four, «Natural's Not in It», *Solid Gold*, New York, Warner Brothers Records, 1981.

Ross Bleckner : La peinture à la fin de l'Histoire

1. George W.S. Trow Jr., «Within the Context of No Context», *The New Yorker*, 17 novembre 1980.
2. Allen Ginsberg, «America», *Howl and Other Poems*, *op. cit.*

Nature et Culture

1. Jean Baudrillard, *Le miroir de la production*, Paris, Galilée, 1985.
2. Hal Foster, «Between Modernism and the Media», *Art in America*, vol. 70, n° 6, juin 1982.
3. Frederic Jameson, *The Political Unconscious*, Ithaca, New York, Cornell University Press, 1981.

La crise de la géométrie

1. Voir Michael Halley, «Argo Sum», *Diacritics*, vol. 12, n° 4, hiver 1982.
2. Voir John Rajchman, «Foucault, or the Ends of Modernism», *October*, n° 24, printemps 1983, sur le fossé entre le premier et le dernier Foucault.
3. Michel Foucault, *Surveiller et punir : naissance de la prison, Paris*, Gallimard, 1975.
4. Jean Baudrillard, *Simulacres et Simulation*, Paris, Galilée, 1981.
5. *The Writings of Robert Smithson, op. cit.*
6. Foucault, *op. cit.*

7. *Ibid.*
8. Baudrillard, *op. cit.*, pour cette citation et les suivantes.
9. On peut considérer que ces deux systèmes ont un fonctionnement simultané, la dissuasion étant réservée aux classes moyennes alors que l'enfermement demeurerait la règle pour les classes inférieures, aussi bien dans les pays industriels que dans ceux du tiers monde.
10. Plusieurs artistes des années quatre-vingt ont recherché des «sites» plutôt en milieu urbain qu'en milieu «naturel». Fischer «installait» son travail dans les grands magasins «Bloomingdale», alors que Keith Haring choisissait ses «sites» dans le métro new-yorkais.

Notes sur l'abstraction

1. Robert Smithson, «A Museum of Language in the Vicinity of Art», *Art International*, mars 1968.
2. Harley Shaiken, «When the Computer Runs the Office», *The New York Times*, 22 mars 1987.
3. Jamie Murphy, «A Threat from Malicious Software», *Time*, 4 novembre 1985.
4. Hippolyte Taine, *Notes sur l'Angleterre*, Paris, 1872.
5. Nicolaï Mikhaïlovitch Karamzin, *Voyage en France, 1789-1790*, Paris, Hachette, 1885.
6. George Kubler, *The Shape of Time*, 1962.
7. Steven Greenhouse, «Eateries Aim to Entertain», *The New York Times*, 21 août 1986.
8. Meyer Schapiro, «The Nature of Abstract Art», *The Marxist Quaterly*, janvier-mars 1937.
9. T.J. Clark, *The Paintings of Modern Life*, New York, Alfred A. Knopf, 1985.
10. Paul Virilio, *Pure War* (entretien avec Sylvère Lotringer, trad. Mark Polizotti), New York, Columbia University, Semiotext(e), 1983.
11. William Gibson, *Neuromancer*, New York, Berkley Publishing Group, 1984.
12. Publicité pour les salles de bains Kohler dans la presse, 1987.
13. William Severini Kowinski, «Main Street in a Spaceship : The Covered Mall», *Smithsonian*, décembre 1986.
14. Robert Venturi, Denise Scott Brown, Steven Izenour, *L'enseignement de Las Vegas, ou le symbolisme oublié de la forme architecturale* (1972), Bruxelles, Pierre Mardaga, 1978.

Table

Maquette de la collection :
Sophie Costamagna
Réalisation : Pascale Georget

Photocomposition (Times roman), photogravure et impression
réalisées par l'École nationale supérieure des Beaux-Arts
17 quai Malaquais Paris 6e

Dépôt légal : avril 1992
No d'Imprimeur : 266